LUCES
HACIA LA CÁMARA CENTRAL

Solange Sudarskis

11

Deambulars masónicos

INDICE

NÓTESE BIEN. Para salvar al lector que desea acceder a referencias de documentación en la web, se han creado enlaces con escritura simplificada mediante teclado con el software *tinyurl.com* .

1 EL JUEGO DE LA MUERTE, LA MUERTE DEL YO

El parricidio, a diferencia del fratricidio, da paso a la desaparición de una jerarquía global. Al matar a Hiram, ¿los malvados compañeros están matando a un hermano, a una autoridad o a una representación insuficiente de lo divino?

Una vez formulada la pregunta, ¿qué debemos hacer con nuestra violencia?

El problema básico a aclarar es que todos somos más o menos violentos. Sí, más o menos, según las circunstancias.

Obviamente, todos somos seres civilizados , pensantes y solidarios. El único punto débil de todos los argumentos es que nadie está dispuesto a admitir su propia violencia. Nuestra cultura nos convence de que esta famosa energía destructiva es resultado de la frustración o la violencia externa.

El psicoanálisis nos da una fórmula sencilla: la violencia sufrida induce a la agresión. Sin embargo, Henri Laborit plantea la hipótesis de que la violencia sufrida por un individuo va acompañada de perturbaciones biológicas que, en respuesta, modificarán su comportamiento hasta desatarse en la violencia.

No debería darle algunas excusas ? Este mensaje tan saludable está paradójicamente velado por los mensajes morales de la epopía de la ceremonia de recepción al grado de maestro, que se niegan a reconocer que la violencia es también inherente a la vida. ¿No se presenta al maestro como alguien para quien las virtudes y la pérdida del ego son más que la fuerza o lo que "me perdí"?[1]

Es más, otra ecuación sencilla nos dice: "Sin agresión, no hay vida posible. Hay que matar para sobrevivir, para comer, etc. " ! Esto lo sabemos desde hace mucho tiempo, y debemos darnos cuenta de que el simple hecho de nacer es un acto violento para la madre y especialmente para el niño. ¿Es su grito primordial, en su paso del agua al aire, el miedo a su muerte anunciada? Posteriormente, ¿el reconocimiento de su agresividad le permitirá decidir las cuestiones del bien o del mal -y su culpa como corolario-, tolerar las tensiones y poder "matar" ese peso de sí mismo? Es a través del juego catártico que reconocerá el placer de manipular su agresión para dominarla, nos dicen los psicólogos. " Cuando no hemos jugado a hacer accidentes con coches pequeños, o con figuritas de bomberos que vienen a apagar el fuego haciendo pin-pon, sólo sabemos jugar en la vida real ", nos dice el psiquiatra infantil. Mauricio Berger.

Jacqueline de Romilly destacó la función psicológica y social de la tragedia griega que permitió exteriorizar la violencia a través de un fenómeno de identificación del espectador con el actor-personaje y así evacuarlo fuera de las murallas de la ciudad.

---

[1] Henri Laborit, *Inhibición de la acción* , vídeo: <tinyurl.com/experience-sur-les-rats>.

El ritual masónico logra una purificación bastante similar gracias al espectáculo visual que proporciona. La violencia se escenifica teatralmente, particularmente durante el psicodrama de la ceremonia y el ritual de recepción del rango de Maestro. ¿No ofrece así el marco y todos los procesos de juego de roles necesarios para el desarrollo psíquico y su armonización entre la oscuridad y la luz? Además del fatal desenlace, leemos en el *Ritual del 3er [grado] del Marqués de Gages* : "llévame a este infortunado Compañero al pie del trono de la verdad y de la justicia por la marcha de los Maestros... Entonces, nosotros aplicar **un gran golpe con un rollo** de cartón o papel **en el hombro izquierdo** del destinatario y luego se le hace salir del Sur con el pie izquierdo para dirigirse al Este por el Norte; recibe **un golpe similar en el hombro derecho** luego sale del Norte para ir al Este, recibe un **golpe similar en la cabeza** en el Este [2]. Hoy en día, afortunadamente, el ritual del RER es más suave, la prueba se ha vuelto más alegórica: sobre la alfombra del Oeste, del Sur y del Norte se colocarán tres rollos de papel o cartón con los que se **golpeará ligeramente al candidato en la espalda** , cuando da los tres pasos de Maestro, por los Hermanos que habrán recibido la orden del Venerable Maestro [3].

Si la ceremonia priva al asesinado de su plenitud material, abre sin embargo las puertas al mayor de los misterios: la puesta en perspectiva de la vida y la muerte. Los juegos de rol dejan claro, entre otras cosas, que hay que trabajar en el miedo a esta violencia absoluta.

---

[2] Ver el grabado: <tinyurl.com/les-rouleaux-de-papier>.

[3] *Ritual del rango de Maestro en el RER* , escrito en el Convento de 1782, completado por J.-B. Willermoz en 1802: <tinyurl.com/Rituel-maitre-RER>.

"La muerte de todo hombre me disminuye, porque pertenezco al género humano; Así que nunca preguntes por quién doblan las campanas : es por ti por quien doblan [4].

¿No es el trabajo masónico aprender a morir transmutando este miedo a la muerte en felicidad del presente como presente de vida?

---

[4]John Donne, *Devociones en ocasiones emergentes Meditación XVII* . 1624. "Por tanto, nunca mandéis a saber por quién doblan las campanas; dobla por ti", en el párrafo: *Ningún hombre es una isla* , ... (Ningún hombre es una isla): <tinyurl.com/pour-qui-sonne-le-glas>.

2 ALLÍ VIVE LA ACACIA QUE LA ROZA

Se dice que la palabra "acacia" proviene de la etimología griega *a-kakos* (α-κακός), que significa "privado de mal".

En todos los Misterios antiguos, mientras la planta sagrada era símbolo de iniciación, la iniciación misma era símbolo de la resurrección a una vida futura y de la inmortalidad del alma. Teniendo esto en cuenta, la masonería sustituyó la acacia por loto, erica, hiedra, muérdago y mirto.

De hecho, **los egipcios habían elegido la erica** *o* el brezo como planta sagrada. En los misterios de Osiris, cuenta una leyenda que Isis, en busca del cuerpo de su marido asesinado, lo descubrió enterrado en la cima de una colina, cerca de la cual crecía una erica (brezo); después de la recuperación del cuerpo y la resurrección del dios, cuando estableció los Misterios para conmemorar su pérdida y curación, se dice que adoptó la erica , como planta sagrada, en recuerdo del lugar donde fueron los *restos mutilados* de Osiris. oculto [5].

Entre los antiguos egipcios, la acacia está presente en la iconografía funeraria; la acacia, *ished* , que significa "aquello que da felicidad", era considerada un árbol sagrado en cuyas hojas se decía que Thoth y la diosa de la escritura transcribían los nombres del faraón para desearle

---

[5] Albert G. Mackey, *El simbolismo de la francmansonería* , cap. XXVIII. *La ramita de acacia* : <tinyurl.com/brin-d-acacia>.

prosperidad y larga vida ; su nombre jeroglífico es *shen* (Chen es un anillo que representa el concepto de eternidad, sin principio ni fin). En el sarcófago de granito de Amenofis II se descubrió una rama de acacia sobre el cuerpo del difunto. Los egipcios lo utilizaron para fabricar secretarios, baúles y cofres de momias de papiro. El papiro *del Libro de los Muertos de Ani* , descubierta en Tebas en 1887 por Wallis Budge, contiene un himno y una letanía a Osiris. El apartado 5 de la letanía incluye una invocación muy especial: "Homenaje a ti, oh señor de Acacia". ¿Esto sugiere que el Hiram de la leyenda masónica sería un avatar simbólico de Osiris?

Según la tradición judía , el término hebreo para acacia es "Shita" (shin-Teth-Hé, שִׁיטָה), pero esta palabra en gematria vale 314, que no es otro que el valor de Shaddai, el nombre divino Todopoderoso. Así, a través de esta equivalencia tradicional, la rama de acacia, emblema y símbolo del maestro albañil, nos remite a través de la expresión velada a uno de los nombres de los GADL'U.

El Midrash relata que Jacob, por inspiración profética, vio que un día sus descendientes saldrían de Egipto y construirían un santuario en el desierto. Por eso, cuando se vio obligado a bajar a Egipto a causa del hambre, trajo consigo de Israel algunas plantas de acacia que plantó en Gosén. Así, durante todo el exilio, los hijos de Israel mantuvieron estos árboles que se habían convertido en símbolo de su esperanza.

Después de haber servido como poste para el templo itinerante en el desierto, los *sittim* se utilizaron para fabricar el mobiliario sagrado del Templo de Salomón. En hebreo se dice que el poste, el pilar que marca el lugar, es *amoud*. Esta palabra tiene la misma raíz (aleph, mem, daleth, אמד , valor teosófico 45) que las palabras *omed* (de pie), Adam, *amida* (el corazón de la oración diaria) y *madua* (¿Por qué?).

El término sólo aparece una vez en singular en la Biblia en Isaías 41,19 en un pasaje de carácter redentor. "Porque yo, Yahweh tu Dios, tomo tu mano derecha y te digo: No temas, yo soy quien te ayuda [...] Plantaré cedros, acacias, arrayanes en el desierto y olivo.

El significado etimológico de la palabra *Shittah* significa "el fuego del conocimiento oculto". Supuestamente hecho de oro (era sólo un proyecto), protegiendo internamente el arca, este oro representaría las fuerzas beneficiosas puestas en juego para construir el universo; el oro externo, las fuerzas opuestas que están condenadas a su caída. La acacia misma debía estar tan protegida como la Ley preservada en el Arca, de ahí las dos capas de oro. Acacia tendría entonces el significado de conocimiento esotérico con sus dos facetas doradas. La acacia sería, por tanto, la imagen de la libre elección que haríamos del conocimiento y , en general, del libre albedrío del hombre que debe ser protegido.

La acacia poco conocida (la acacia me es conocida), la de la Biblia, la Sittah o sittim (o sethim), no corresponde a ninguna de las variedades presentes en Francia. Es un árbol del desierto, de tronco retorcido y nudoso, de madera muy apretada y extremadamente dura, cuyas ramas están cubiertas de espinas de tres a cinco centímetros de largo. Fue con madera de acacia que los hebreos hacían ciertas partes del mobiliario sagrado, incluido el tabernáculo, el altar de los sacrificios, la mesa de los panes de la proposición y el Arca de la Alianza.

El aspecto irregular de las ramas no está exento de problemas para los exégetas, algunos de los cuales piensan que pudo haber existido, en tiempos bíblicos, una acacia de variedad más esbelta, con ramas rectas, mientras que otros se refieren a las leyendas que relatan que el nombre Shitim evoca los cedros que habrían sido plantados en el desierto en preparación para la construcción del Arca por ancestros visionarios [2].

En el Sinaí se dice que la acacia representa la muerte porque nada crece cerca ya que sus largas raíces (a veces de más de cinco metros) están hambrientas del más mínimo rastro de humedad. También se dice que es un símbolo de inmortalidad y pureza, porque tiene fama de ser imputrescible.

En India y África , casi todos los objetos rituales están hechos de madera de acacia. Entre los bambaras de África, por ejemplo, se hacía un ritual especial durante la estación seca, porque es cuando la acacia vuelve a florecer después de perder sus frutos y hojas durante el invierno; En casa, los ancianos al final de sus vidas dormían en una cama de acacia, presagiando una vida eterna en el otro mundo.

Algunos árabes Dedicó un culto a la acacia hasta el día en que Kaleb recibió la orden de Mahoma de destruirla [6].

El término **sánscrito** para acacia es *saplaparna* que significa "planta de siete hojas, siete folíolos".

Académicos _ Llámelo *Cercis siliquastrum* . Pero, en la tradición, permanece el Árbol de Judea, el árbol celebrado en el Templo de Jerusalén. La Biblia menciona la acacia 29 veces en el Antiguo Testamento. Estos acontecimientos se encuentran principalmente en el libro del Éxodo y se relacionan esencialmente con la construcción del Arca (Ex 25.26.36) así como con la del altar (Ex 27. Ex 38). En Israel, los beduinos reconocen al menos cinco especies de acacia; algunas cercanas a la mimosa de las cuatro estaciones del Mediterráneo, otras a la acacia de invierno, menos frondosas y provistas de espinas simples o dobles.

---

[6]Consulte el artículo *L'acacia* de Henry Bac de la página 72 del n° 2 de 1981 de la *Revue Initiation* : <tinyurl.com/L-Initiation-1981-2>.

Las espinas huecas de este árbol pionero (uno de los primeros en colonizar espacios abiertos) de **América Latina** , ofrecen refugio y alimento a las hormigas que, a cambio, protegen a la acacia de sus depredadores y competidores. La relación entre la hormiga y la planta se ha vuelto tan estrecha que es simbiótica: la acacia se llama mirmecófita.

Las acacias pueden formar una comunidad. Cuando sus hojas son atacadas por los kudus que vienen a pastar en ellas, estos árboles emiten un mensaje de alerta que convierte sus hojas en tóxicas. Este mensaje, en forma gaseosa (leteno), es transportado por el viento.

Los constructores de catedrales , inspirados en los símbolos de la Shejiná, a menudo tallaban en los pilares la hoja de sauce que representa la inmortalidad y la luz divina. En los misterios antiguos, esta hoja era la rama dorada , que en la masonería se convierte en acacia y lleva los significados de inocencia y pureza. Esta presencia de la acacia recuerda las virtudes del fundador Hiram, que supuestamente inmortaliza a quien está dotado de todos los méritos.

Con sus ramas se habría tejido la corona de espinas de Cristo. El *Precioso Compendio de la Masonería Adonhiramita* [7]explica que la acacia está allí en memoria de la cruz del Salvador, hecha de esta madera muy común en Galilea.

En las tradiciones de sacralización de la acacia, se encuentra como rama en la tumba de Hiram, corona de espinas de Cristo, cruz de Cristo, ataúd de Osiris, Arca de la Alianza de los Hebreos, Arca de Noé, Tabernáculo de Moisés. Antes

---

[7]Por Louis Guillemain de Saint-Victor, 1787.

de Ireneo, la ascia era un emblema importado por los pitagóricos que habrían recibido de los esenios [8].

La acacia es análoga al espino, de la cruz egipcia y cristiana, de la letra hebrea *Vav*, que significa "enlace". Es el símbolo del vínculo que une lo visible con lo invisible, esta vida con la próxima; es la garantía de la inmortalidad.

René Guénon señala que muchas plantas simbólicas son especies espinosas como la rosa, el cardo, el acanto. Para él, las espinas en forma de puntas o cuernos evocan la idea de una elevación y, en ciertos casos, pueden considerarse rayos de luz. Nótese en el sentido que Al Uzza significa acacia, "espina de Egipto" y que es un símbolo solar.

La importancia del símbolo de la acacia en tercer [grado] permitió a William Hutchinson (1732-1814), miembro de la *Real Sociedad de Anticuarios,* apodar a los masones **los** *acacios* .

Nótese que en una pintura alegórica de 1753 titulada *Los misterios aquí mostrados son aquellos que sólo uno Mason puede saberlo* , el rey Salomón dibuja el teorema de Pitágoras, mira hacia dos personajes sentados en el cielo sobre las nubes. Uno de ellos es sin duda Time Chronos, que sostiene la guadaña de la muerte en su mano derecha y un ouroboros y una rama de acacia en su mano izquierda.

acacia masónica Puede que no sea un árbol como se muestra arriba. Esto podría ser una deformidad de la ascia. Hay dos *ascias* . Uno de ellos, una azuela frente a un martillo, se utilizaba para trabajar madera y piedra. El otro, una azada frente a un rastrillo de dos caras, para remover la tierra. La ascia funeraria, al no llevar el rastrillo bífido, sería por tanto

---

[8] *Nuevas consideraciones sobre ascia* : <tinyurl.com/comprendre-l-ascia>.

el martillo azuela. Se habría utilizado para tallar estelas funerarias. El verbo *deasciare* obviamente califica el acto opuesto de *asciare* , cuyo segundo significado simbólico podría ser "sellar una tumba bajo la ascia para darle un carácter inviolable". El significado primario sería: **dedicar la tumba** aplanando el bloque funerario con la ascia. *Deasciare* sería entonces: **destruir esta dedicatoria** martillando la estela. Así, la palabra distorsionada **acacia sería una herramienta** con una dimensión simbólica, intercambiada en *el Manuscript Masonery Dissected* (1730) de Prichard por "cassia".

3 TUBALCAÍNA, ¿UN PERSONAJE SULFUROSO?

Tubalcaín, al igual que Hiram, es sólo un personaje secundario en el texto bíblico.
Forma parte del linaje de los Cainitas y sólo aparece con sus hermanos, tanto en la Biblia donde su nombre aparece una sola vez, como en los textos de los *Antiguos Cargos* .

es entonces su interés en la masonería?

La raíz del nombre Tubalcaín sería en hebreo thu, bal, caín, el que escupe fuego, nombre retomado en latín por Vulcano. Fundir el metal y reformarlo corresponde al " *solve et coagula* " de la alquimia hermética.
Es Gérard de Nerval quien romantiza su relación con Adoniram, lo que justifica, aunque se utilice como contraseña de segundo grado en los ritos anglosajones, evocar su leyenda en tercer grado.

Yo – El personaje

Según la Biblia (Génesis IV, 22), Tubalcaín fabricó toda clase de instrumentos de cobre y hierro. Se presenta como hijo de Lamek y su segunda esposa Çilla, por lo tanto es nieto de Caín, nacido alrededor del año 2975 a.C.
ANUNCIO
Enoc se convirtió en padre de Irad; éste engendró a Mehouyaél, quien engendró a Lamec. Lamec tomó dos

esposas, la primera llamada Ada y la segunda Cilla. Ada dio a luz a Jabal, el descendiente de los que habitan en tiendas y pastorean rebaños. El nombre de su hermano era Jabal; era del linaje de los que tocan el arpa y la lira. Cila, por su parte, dio a luz a Tubalcaín, que fabricaba toda clase de instrumentos de cobre y hierro, y que tenía por hermana a Naama.

El nombre proviene de la unión del de Tubal con Caín. Tubal (8 veces: Gén 10.2; Is 66.19; Ez 27.13; 32.26; 38.2.3; 39.1; 1 Cr 1.5) sería un pueblo y/o un país de Asia Menor (Pueblo de Asia Menor, probablemente Frigia y Cilicia, o pueblos de las costas del Mar Negro.), siempre asociado con Meshek. Mesec y Tubal son dos de los siete hijos de Jafet según Gén 10,2 // 1 Cr 1,5.
En cuanto al nombre Caín, existen dos etimologías posibles. La palabra hebrea qayin puede significar "herrero" o, usando la raíz qnh "he adquirido" (cf. Gén 4, 1).
.
Se cree que fue de Tubal-Caín de donde los romanos paganos tomaron la idea de su Vulcano; la raíz del nombre Tubalcaín sería en hebreo thu, bal, caín, el que escupe fuego, nombre retomado en latín por Vulcano. La terminación del nombre y la obra a la que se dedicó Tubal-Caïn hacen que esta conjetura sea bastante probable. Asimismo, corresponde a Hefesto, entre los griegos: dios griego del fuego y la forja; a Vulcano entre los romanos, a Tvashtri en la India, a Ptah en Egipto, al Gran Yu en China, a Ogun entre los Youbas de África, a Brahmanaspati en la India. También es Gobban Saer, el Jano de los celtas, que representa la unión entre técnica y arte, Gobban el herrero, y Saer, el constructor, experto en todas las Artes, quien puede identificarse con la figura de Hiram.

El fuego de todos estos herreros legendarios es un fuego creativo, ilumina y no quema. No puede disociarse de la Luz sin la cual nada existiría, porque ella establece las formas del mundo aparente.

Es en *la Historia de la Reina de la Mañana y Soliman, Príncipe de los Genios de Gérard de Nerval* en el capítulo VII, *El Inframundo*[9] donde encontramos el encuentro romántico de Hiram y Tubalcain.

La base de esta leyenda es , sin embargo, diferente de la leyenda masónica: se afirma que Adoniram es en realidad descendiente de Caín a través de su padre Enoc; se le revela su ascendencia prometeica y la maldición que pesa sobre ella.

En resumen: Arrastrado como en un sueño a las profundidades de la Tierra, Hiram aprende de la misma boca de Tubal-Caïn lo esencial de la tradición de los Cainitas, estos herreros maestros del fuego. Tubal-Caïn, en el corazón de la Tierra, muestra luego a Hiram la larga sucesión de sus padres: Enoc, que enseñó a los hombres a construir edificios, a agruparse en sociedad, a tallar piedra; Hirad, que un día supo aprisionar fuentes y dirigir aguas fértiles; Maviël, que enseñó el arte de trabajar el cedro y todas las maderas; Mathusaël, que imaginó los personajes de la escritura; Jabel, que levantó las primeras tiendas y enseñó a los hombres a coser pieles de camello; Jubal, que fue el primero en tensar las cuerdas del cínor y del arpa, y supo extraer de ellas sonidos armoniosos; finalmente, el propio Tubal-Caín, que enseñó a los hombres las artes de la paz y la guerra, la ciencia de reducir metales, de martillar latón, de encender forjas y de soplar hornos. Luego Caín mismo

---

[9] *Historia de la Reina de la Mañana y Soliman, Príncipe de los Genios de Gérard de Nerval* en el capítulo VII, *El mundo subterráneo*, 1851: <tinyurl.com/le-monde-souterrain>.

enseña a Hiram cómo, a lo largo de los siglos, los hijos nacidos de él, hijo de los Elohim, trabajarán constantemente para mejorar la suerte de los hombres perseguidos por un dios injusto que favoreció a Abel.

II – Tubalcaín y los *antiguos cargos*

En la tradición masónica, la primera referencia a Tubalcaín se remonta al *Manuscrito Cooke* alrededor del año 1400.

Nos enteramos de que los hijos de Lamec, entre ellos Tubalcaín, habrían grabado en 2 columnas (mientras que según el historiador Josefo habría sido Set), una de mármol para resistir el agua, la otra de ladrillo para resistir el fuego, todas de sus conocimientos científicos y artísticos para que sobrevivan al diluvio, simbolizando así la transmisión de la Tradición.

Esto es lo que dice el *Manuscrito Cooke*

" Los descendientes directos de Adán durante la séptima edad adámica antes del diluvio incluían a un hombre llamado Lamec, que tenía dos esposas, una llamada Ada y la otra Sella. De su primera esposa, Ada, tuvo dos hijos, uno llamado Jabel (Yabal) y el otro Jubal (Yubal).

El anciano Jabel fue el primero en inventar la geometría y la mampostería. Y edificó casas y su nombre se encuentra en la Biblia: se le llama padre de los que habitan en tiendas, es decir, casas de habitación.

Fue el maestro albañil de Caín y líder de todas sus obras cuando construyó la ciudad de Enoc, que fue la primera ciudad jamás construida. Y fue construida por Caín hijo de Adán, y se la dio a su propio hijo Enoc y le puso a la ciudad el nombre de su hijo y la llamó Enoc, pero ahora se llama Effraym.

Fue allí donde por primera vez se practicó y desarrolló como ciencia y arte la ciencia de la geometría y la albañilería

. También podemos decir que fue la base y fundamento de toda la ciencia y la tecnología. y a este hombre Jabel también lo llamaban Pater Pastorum.

Tanto el Maestro de las Historias como Beda, el De Imagine Mundi, el Polychronicon y muchos otros dicen que fue el primero en dividir la tierra para que cada hombre pudiera saber cuál era su tierra personal y trabajar en ella como para su propio bien. . Además, dividió los rebaños de ovejas para que cada uno supiera qué ovejas tenía, por lo que podemos decir que fue el inventor de esta ciencia.

Y su hermano Jubal o Tubal, fue el inventor de la música y el canto como dice Pictágoras según el Policronicón, lo mismo dice Isidoro en sus Etimologías en el libro 6: allí anota que fue el inventor de la música, el canto, el órgano y la trompeta y que inventó esta ciencia escuchando el ritmo de los martillos de su hermano, que era Tubal-Caïn.

Así como la Biblia, en su capítulo 4 del Génesis, dice que Lamec tuvo de su otra esposa, que se llamaba Sella, un hijo y una hija cuyos nombres eran Tubal-Caín para el hijo y Naama para la hija. Algunos dicen, según el Polychronicon, que era la esposa de Noé pero no podemos confirmarlo.

Debes saber que su hijo Tubal-Caín fue el inventor del arte de la herrería y otras artes de los metales, es decir, el hierro, el acero, el oro y la plata según algunos médicos. En cuanto a su hermana Naama, ella inventó el tejido, porque antes no tejíamos pero hilamos y tejíamos telas y hacíamos la ropa que podíamos. Naama inventó el arte de tejer y por eso se le llamó arte de mujeres.

Ahora estos tres hermanos supieron que Dios quería vengarse del pecado con fuego o con agua y trataron de salvar las ciencias que habían inventado. Pensaron y se dijeron que había dos clases de piedra, una de las cuales resiste el fuego y la otra resiste el fuego. esta piedra se llama mármol &endash; y el otro flota en el agua — y se llama lacerus.

piedras todas las ciencias que habían inventado ; en caso de que Dios se vengara con el fuego el mármol no ardería y si elegía el agua, la otra piedra no se hundiría.

Pidieron a su hermano mayor Jabel que hiciera dos columnas con estas dos piedras, a saber, mármol y encaje, y que inscribiera en estas dos columnas todas las ciencias y técnicas que habían inventado. Así lo hizo y completó todo antes del Diluvio.

Aunque sabían que Dios iba a enviar su venganza, no sabían si sería con fuego o con agua. Por una especie de profecía sabían que Dios iba a enviar el uno al otro. Entonces escribieron sus ciencias en los dos pilares de piedra. Algunos dicen que grabaron las siete ciencias en las piedras , sabiendo que vendría el castigo.

De hecho, Dios envió su venganza para que se produjera tal diluvio y toda la tierra se ahogara. Y perecieron todos los hombres de la tierra excepto ocho: Noé y su esposa, sus tres hijos y sus esposas. De estos tres hijos desciende toda la humanidad. Sus nombres eran Sem, Cam y Jafet. Este diluvio se llamó el Diluvio de Noé porque él y sus hijos escaparon.

Y muchos años después de este diluvio, se encontraron las dos columnas y, según el Polychronicon, un gran clérigo, llamado Pictágoras, encontró una y Hermes, el filósofo, encontró la otra. Y comenzaron a enseñar las ciencias que allí encontraron escritas ".

III – Tubalcaín y la Masonería

Tenga en cuenta que en el *Constituciones conocidas como Anderson* , el grabado de las columnas se atribuye a Enoc [10]:

---

[10] *LA CONSTITUCIÓN, Historia, Leyes, Cargos, Órdenes, Reglamentos y Usos, DE LA Muy Venerable FRATERNIDAD de Masones Libres*

"pues, por algunos vestigios de la Antigüedad, sabemos que uno de ellos, el piadoso Enoc (que no murió sino que fue transportado vivo al Cielo), profetizó el final la conflagración en el Día del Juicio (como nos dice SAN JUDAS) y también el diluvio general para el castigo del Mundo. Por eso levantó dos grandes pilares (otros se los atribuyen a Seth), uno de piedras y otro de ladrillos en los que estaban grabadas las ciencias liberales, etc. Y que el pilar de piedra permaneció en Siria hasta los días del emperador Vespasiano.

Su evocación en los rituales

En el Rito Escocés Rectificado, **esta era la contraseña inicial del aprendiz** . A petición de Jean-Baptiste Willermoz, que se habría inspirado en la condesa Marie-Louise de Monspey, conocida como Églé de la Vallière (la agente desconocida), **canonesa** de Remiremont, médium psicográfica, esta palabra fue sustituida en 1785 por Phaleg. . Para Willermoz era una contradicción dar al aprendiz esta palabra de unión después de haberle hecho abandonar todos los metales que son emblemas de los vicios. Consideró que "el descendiente de Caín era también el padre de todas las abominaciones, un ser indigno y culpable de las más vergonzosas prevaricaciones en el camino carnal, que sólo había descubierto la manera de forjar el metal mediante operaciones diabólicas y profanas, que podía haber detuvo el curso de estos males, pero impulsado por su propia lujuria, evitó los ángeles malos en las mujeres [11]. ¡Sí, fue una monja la que "moralizó" la contraseña masónica del RER!

Aceptados; según sus *ARCHIVOS* generales, y sus Fieles *TRADICIONES* de muchos Siglos, p.1 : <tinyurl.com/Constitution-Anderson>.
[11] Un místico lionés y los secretos de la masonería Jean-Baptiste Willermoz por Alice Joly: <tinyurl.com/Tubacain-et-Willermoz>.

"Por tanto, Tubalcain fue excluido de los rituales a favor de Phaleg por el Directorio provincial de Auvernia por las siguientes razones: " Tubalcain es hijo de Lamec, un bígamo. Inventor del arte de trabajar los metales, no se le puede atribuir a los Aprendices que acaban de abandonarlos. Es el emblema de los vicios, particularmente los sexuales. En representación de un linaje antediluviano borrado por Dios, debe dar paso a Phaleg, fundador de la única iniciación verdadera . Esta modificación, realizada el 5 de mayo de 1785 por decisión de la Regencia escocesa, fue mal aceptada por muchos hermanos pertenecientes a este Rito.

En el Rito de Emulación, Tubalcain **es** la palabra **de paso que da acceso del 2º** al **3º** grado .

En el Rito de York, Tubalcain es el **nombre de la garra** de paso de compañero a maestro, que sirve de contraseña para el 2º grado , como aparece en el intercambio entre el 1º supervisor y el 1º experto en las instrucciones del grado: "- ¿Tiene un nombre? -Sí – ¿Me lo darás? – No es así como lo recibí y nunca lo comunicaré así . – ¿ Cómo lo desechas? – Deletreándola o por sílaba. – Darlo por sílaba y empezar. – Empiece usted mismo. – Depende de usted comenzar ". .

La palabra Tubalcain está dada por sílaba entre el primer experto y el Venerable Maestro Luego completamente por el 1er experto . Esta garra está un paso por debajo de la verdadera garra del maestro.

En REAA, esta es la **contraseña del Maestro** . "Esta palabra es TULBAKAIN, que hemos adoptado por la intimidad que debe existir entre nosotros y el primer Vulcano del universo. A esto lo llamamos palabra de vigilia, porque requerimos que se pronuncie antes de lo que una vez se conoció, es decir, JAKIN [12].

IV – Interpretación

Para Irène Mainguy, al incluir en su nombre los nombres de Abel y Caín, Tubalcain "reúne en sí las cualidades complementarias de un antagonismo fratricida al reintegrar el punto central de la Unidad Primordial" [13].

Para Hervé Tremblay, las genealogías de los once primeros capítulos del Génesis pretenden describir los pueblos (Gén 5) y justificar la aparición de diferentes aspectos de la vida humana, como las artes y los oficios. En Génesis 4:20-22, las tres castas de ganaderos, músicos y herreros ambulantes están vinculadas a tres antepasados cuyos nombres resuenan y recuerdan las profesiones de sus descendientes: Yabal (ybl "conducir"); Yubal (yôbel "trompeta"); Tubal (nombre de un pueblo del norte, en la tierra de los metales). Se dice que Tubal-Caín es "el antepasado de todos los herreros del cobre y del hierro ". Esto significa que las genealogías no son muy fiables históricamente y que los nombres son más bien creaciones destinadas a dar cuenta del mundo tal como es.

Tubalcain, el herrero, trabaja metales y es espiritualmente una continuación del linaje Cainita. El herrero es uno de los constructores y aprende a ser a través de la creación. Tiene el conocimiento de los cuatro elementos : el metal se extrae de la tierra, se transfigura con el fuego, se aviva con el aire y

---

[12]Salomón en toda su gloria o el maestro masón, traducción de Masón desenmascarado o el verdadero secreto de los francmasones de 1751: <tinyurl.com/Salomon-dans-toute-sa-gloire>.

[13] Fabien Bertand, *Perspectivas cruzadas sobre la masonería* , de p. 169: <theses.fr/2009BOR21677>.

luego se templa con agua para convertirse en un instrumento útil para los labradores o los guerreros. Forja espadas, trabajo de iniciado porque a veces están dotadas de poder mágico, lo que requiere conocer y dominar las fuerzas contenidas en estos elementos. El herrero domina el fuego y gracias a él transforma los metales que provienen de las profundidades de la tierra. Su poder es ambivalente, puede ser tan malo como benéfico porque forja armas para hacer la guerra y como Tubalcaín que, según el testimonio de Filón y el libro apócrifo de Enoc, citado por Tertuliano, también utilizó en sus obras el oro, la plata , etc., de los cuales luego hacían ídolos para adorarlos.

Cambiar la contraseña de Caín por Phaleg equivale más filosóficamente a sustituir la fragua en beneficio de la dispersión de la Palabra. Este punto está lejos de ser anecdótico en una práctica masónica que reintegrará las dimensiones y formas de esta misma Palabra haciéndola carne en el espíritu del Evangelio de San Juan. La elección es clara y el determinismo deliberadamente cristiano que dispersa la fragua de Caín en beneficio de la Palabra perdida. Ya no se trata de una construcción multidisciplinar, de un arquitecto politécnico, sino de la piedra angular que había sido rechazada [14].

El trabajo de la fragua significa la constitución del ser a partir del no ser. La fragua es la alegoría del corazón y los fuelles representan los pulmones.

Fundir metal y reformarlo corresponde al *estallido y coagulación* de la alquimia hermética, trabajo creativo por excelencia, porque crear es recrear.

---

[14] < tinyurl.com/Phaleg-et-Willermoz > .

En otro nivel, según Guy Barthélémy, el significado político de la fábula de Nerval es claro: aquellos que producen las riquezas de la tierra, pero que también permitieron a los hombres escapar de su animalidad, porque entre estos desterrados, está quien inventó la ciudad, el que inventó el tejido, el que diseñó el primer instrumento musical que están injustamente oprimidos por este Dios que quiere mantener abusivamente a los hombres en un estado de ignorancia y por aquellos que le sirven de relevo: los reyes, estos ministros despóticos. de Adonai. Por lo tanto, el conocimiento y la libertad sólo pueden florecer en una lucha socialista que se oriente hacia el cuestionamiento del Dios único.

4 LAS LEYENDAS DE NOÉ

Noé, un ángel salvador de la carne de alguna manera!

El Libro de Enoc registra que la esposa de Lamec dio a luz a un niño "más blanco que la nieve, más rojo que una rosa; su cabello es más blanco que la lana, y sus ojos brillan como el sol ; cuando los abre, llena la casa de luz. E inmediatamente después de salir de las manos de la partera, abrió su boca y bendijo al Señor". Lamek quedó aterrorizado por el milagro y fue a ver a su padre Metoushelah para decirle que había engendrado un hijo diferente a todos los demás, quien consultó a Enoc. Enoc explicó que debido a la maldad del mundo, vendría [15]un diluvio, pero que Noé y sus hijos se salvarían .

Noé (Noa'h) habría vivido 950 años, habiendo tenido tres hijos: Sem , Cam y Jafet. Su historia se cuenta en la Biblia (Génesis 6 al 9). Noá se presenta como un espejo de Bereshit. Con el diluvio, Dios destruye el mundo que creó y la construcción de una nueva humanidad está ahora en manos de Noé y sus hijos. Una segunda creación que implica una nueva estructuración de la familia con sus conflictos, sus impases y sus bendiciones [16].

---

[15]Capítulo 105: <tinyurl.com/Book-of-Enoch>.

[16] Rony Klein, académico: <tinyurl.com/un-deuxieme-commencement >.

Al igual que los héroes sumerios cuyos nombres eran Ziusudra (Vida Prolongada), Atrahasis (Muy Sabio) o Utnapistim (El que encontró la vida), antes del diluvio, Noé recogió lo que estaba esparcido en el arca (teva, תבה), cajón flotante para salvar el viviendo desde la creación del diluvio previsto. Quizás también habría portado conocimientos escritos o simbólicos asegurando la imprescindible transmisión de conocimientos tan espirituales, culturales como técnicos y científicos, resumen de los principales saberes de su tiempo.

La prueba del agua.

Hay peligro de muerte en la prueba, y es un peligro para el resto de la humanidad y el resto de la creación, pero sobre el cual triunfarán los habitantes del arca. La prueba se supera gracias a la buena fe de Noé, un hombre justo que caminó con Dios (que sigue su ley). El episodio del diluvio nos permite pasar de la Primera Edad del mundo a la Segunda, que representa a la vez un nuevo nacimiento para la humanidad y la creación, y una nueva alianza entre Dios y el hombre.

Es de destacar que los constructores del imperio nacen en una canasta que flota sobre las aguas (Osiris en una canasta en el Nilo, Sargón fundador del imperio de Acad en el Éufrates, Moisés en el mar de juncos, Rómulo y Remo en el Tíber). El sarcófago es al mismo tiempo una cesta llena de vida como el arca de Noé .

El jesuita Philippe Labbé, hacia finales del siglo XVII , [17]utiliza el diluvio de Noé como bisagra entre el I y el II. era de la

---

[17]la historia sagrada y profana con las observaciones necesarias para el estudio de la Cronología, París, 1666: <tinyurl.com/Abrege-Histoire>.

Historia del mundo como lo había hecho antes que él San Agustín en el año 426 en *La Ciudad de Dios* (el Libro XV trata de la "primera edad" de la humanidad hasta Noé, el Libro XVI trata de la "infancia", que corresponde a los episodios bíblicos desde Noé hasta Abraham).

Otras leyendas relatan historias del diluvio [18].

Una leyenda está presente **entre los griegos** . Lleno de ira ante la perversidad humana, Zeus eligió el diluvio para lavar la faz de la tierra. Poseidón convoca a los ríos para que inunden las ciudades y quien no queda sumergido muere de hambre. Sólo el monte Parnaso se eleva sobre el agua. Deucalión, hijo de Prometeo, y Pirra, su esposa, se refugiaron en una pequeña embarcación. Cuando Zeus ve que estos supervivientes son honestos y piadosos, dispersa las nubes. Las aguas regresan y el mar regresa a sus antiguas costas. Al llegar al monte Parnaso, Deucalión y Pirra agradecen a los dioses y solo ven un desierto a su alrededor. Al implorar a Zeus que los ayude a restaurar la vida en la tierra, se les aconseja que se cubran la cabeza con un velo y arrojen detrás de ellos los huesos de su abuela. Deucalión entiende que esta abuela es la Tierra. Ayudado por Pyrrha, recoge piedras que arroja por encima del hombro. Las piedras que arroja Deucalión se transforman en hombres. Los desechados por Pyrrha se convierten en mujeres.

Un mito similar se conoce **en la India** , que alguna vez estuvo parcialmente bajo la influencia cultural griega. El mito del Diluvio aparece por primera vez en el Satapatha Brahmana, un ritual que probablemente data del siglo VII a.C. Aquí, es un pez dotado de palabra el que advierte a Manu de la inminencia del Diluvio. Él le aconseja

---

[18] *Los mitos del arca de Noé* : <tinyurl.com/mythes-arche-de-Noe>.

firmemente que construya un barco. Cuando ocurre un desastre, es este pez el que tira del barco hacia el norte y lo detiene cerca de una montaña. Manu espera pacientemente a que bajen las aguas. Luego ofrece un sacrificio y obtiene una hija de los dioses. Él se une a ella, engendrando a toda la raza humana. En el Mahabharata, Manu es un asceta. En el Bhagavata Purana, es el rey asceta Satyavrata quien es advertido de la proximidad del Diluvio por Hari (Vishnu), quien tomó la forma de un pez. Pero, en el mito hindú, nada parece conectar el diluvio con algún resentimiento de los dioses hacia los hombres.

El episodio de la embriaguez y la desnudez de Noé (Génesis, 9, 18 a 27) dio lugar a numerosos comentarios, entre ellos el de la idea de una castración del patriarca por parte de Cam (o su hijo), como el egipcio Osiris, el hitita. dios Anu o el griego Cronos [19]. Por tanto, sorprende que los eunucos estuvieran prohibidos en la masonería [20].

En hebreo yayin (יין), "vino" tiene el valor 70 como la palabra césped (סוד), el secreto. Con la embriaguez de Noé, ¿no debemos entender que es un secreto hipostasiado? La embriaguez debe entonces interpretarse como un éxtasis místico, un conocimiento de rango superior que debe ser velado o protegido en un arca (téba). En esta segunda interpretación, la desnudez de Noé no es su sexo, sino el símbolo de una revelación que lo convierte en un verdadero iniciado. ¿Jafet, que se aleja, se negaría a acercarse a los misterios, tal vez siendo demasiado joven [21]?

---

[19] Robert Graves y Raphaël Patai, *Los mitos hebreos* , Fayard, 1963, p.129 a 134.

[20] Hartmann Schedel, *Liber Chronicarum* , 1490, p.100: <tinyurl.com/Liber-chronicarum>.

[21] *La Biblia Furtmeyr,* p.15: <tinyurl.com/bible-de-Furtmeyr>.

se descubrió el *manuscrito Graham que data de 1726* y que se cree que es una copia de un documento más antiguo que informa sobre esta leyenda de Noé y que no aparece en la Biblia. Sem , Cam y Jafet se acercaron a la tumba de su padre Noé, con la esperanza de descubrir el secreto salvado de las aguas que él habría guardado. Acordaron adoptar como secreto, si no encontraban el verdadero secreto, lo primero que se les ocurriera. Sólo encontraron un cadáver en descomposición, le sacaron un dedo que se desprendió, luego la muñeca, luego el codo: levantaron el cadáver y lo sostuvieron poniendo pie contra pie, rodilla contra rodilla, pecho contra pecho y Mejilla con mejilla. Luego, sin saber qué hacer, dejaron el cadáver en el suelo y uno dijo "hay médula en este hueso", el segundo dijo "el hueso está seco", el tercero dijo "apesta". Pronunciaron el nombre considerado hoy como palabra sustituta. La traducción de *médula en el hueso,* "la médula en el hueso" sería uno de los orígenes de la palabra sustituida y puede explicarse simbólicamente por "la savia que está en el árbol", la luz es interior y trasciende lo aparente. forma de muerte.

Una de las razones que hizo que Noé abandonara a Noé en favor de Hiram, aunque casi desconocida en la Biblia, es sin duda que el acto heroico de Hiram, que prefiere la muerte antes que revelar secretos, es más prestigioso, o al menos más eficaz, que el Caso de Noé que murió de viejo.

Luces hacia la Cámara central

5 LAS LEYENDAS DE HIRAM

Los orígenes de las leyendas.

Las leyendas sobre la piedra son numerosas. Se debe derramar sangre (animal o humana) para asegurar la construcción del edificio . John SM Ward en su libro *¿ Quién fue Hiram Abiff?* Sostiene que toda esta leyenda es simplemente una adaptación del mito de Tammuz; que Hiram formaba parte de un grupo de reyes-sacerdotes y que fue asesinado por los demás, como sacrificio voluntario, durante la consagración del templo, para traer buena suerte al edificio.

Leadbeater también retiene de esta obra de Waed que Hiram Abiff sería identificado con Abibaal, padre de Hiram, rey de Tiro, e incluso sugiere que Hiram no era un nombre personal en absoluto, sino un litro de los reyes de Tiro, como lo era Faraón. el título de los reyes de Egipto.

Una tradición rabínica relata que Salomón ordenó la masacre de todos aquellos que habían ayudado en la construcción del Templo por temor a que luego construyeran templos para dioses falsos.

Ragon relata en *la Ortodoxia Masónica* los orígenes del uso de la leyenda de Hiram en la Masonería inspirada en los

Antiguos Misterios [22]. Este texto de 1853 es retomado por Papus, en la *Revue l'Initiation* n°1 de 1957 [23]. Aquí hay un extracto:

"En 1646, se formó una sociedad rosacruz, según las ideas de *La La nueva Atlántida* de Bacon , se reúne en la sala de reuniones de los *masones* en Londres. Elias Ashmole y los demás hermanos rosacruces, al reconocer que el número de trabajadores profesionales era superado por el de los trabajadores intelectuales, pensaron que había llegado el momento de renunciar a las fórmulas de recepción de estos trabajadores, que no consistían sólo en unas pocas ceremonias. más o menos similar a los utilizados entre todos los profesionales, que, hasta entonces, habían servido como refugio para que los iniciados ganaran seguidores . Los reemplazaron, mediante las tradiciones orales que utilizaban para los aspirantes a las ciencias ocultas, por un modo escrito de iniciación inspirado en los misterios antiguos y en los de Egipto y Grecia. El primer grado iniciático se escribió aproximadamente como lo conocemos. Habiendo recibido este primer grado la aprobación de los iniciados, se elaboró el rango de compañero en 1648 y el de maestro poco después. Pero la decapitación de Carlos I [en] 1649 y el bando que Ashmole tomó a favor de los Estuardo trajeron modificaciones importantes a este tercer y último rango que se había vuelto bíblico.

Robert Vallery-Radot, en un artículo publicado en la revista *Les documents maçonniques* de octubre de 1942, acepta la suposición del hermano Lantoine atribuyendo su origen a los rosacruces: la leyenda de Hiram "podrían ser masones estuartistas quienes la inventaron, escondiendo bajo este símbolo su dolor y sus esperanza de venganza. Según este

---

[22] JM Ragon *Ortodoxia Masónica 1853* : <tinyurl.com/histoire-grades>.

[23] Revue L'Initiation, p.3: <tinyurl.com/Initiation-1957-1>.

mito habrían llorado a su soberano decapitado por Cromwell. Se habrían llamado hijos de la viuda, es decir de Enriqueta de Francia, viuda de Carlos Estuardo. La palabra perdida que habrían buscado habría sido la del hijo del rey fallecido .

Pour Pierre Noël, «des antécédents du drame hiramique doivent être cherchés dans les *Mystery plays* , ces scénettes d'inspiration biblique jouées au moyen-âge dans les églises d'abord, sur les parvis ensuite, avant de l'être en différents lieux de la ciudad. Generalmente se jugaban en ciclos. Hemos conservado varios que se jugaron en York, Wakefield, Norwich o Londres. Reservadas para los momentos importantes del año litúrgico, estas representaciones eran a menudo confiadas a organismos comerciales, gremios o corporaciones, que las financiaban y aseguraban su producción. De ahí su nombre misterio o *misterio* , del latín *misterio* (significado ocupación) o *ministerium* (ocupación o *artesanía* en inglés). Su tema eran pasajes bíblicos como la Creación, la culpa de Adán y Eva, el asesinato de Abel, la construcción del arca de Noé, el diluvio, la visita de los magos, la masacre de los inocentes, el juicio final. Es decir que temas cercanos a la leyenda de Hiram (muerte, violencia, el templo de Jerusalén, etc.) estaban presentes en estos dramas medievales, asociados directa o indirectamente a los oficios [24].

Para que conste, en el *Manuscrito de Graham* de 1726, Allí se narran tres leyendas , la tercera se refiere a Hiram completando el Templo pero sin morir de muerte violenta. Sólo en 1730, en un contexto de oposición religiosa, la Gran Logia de Inglaterra, predominantemente anglicana, reemplazó el cadáver de Noé por el cadáver de un asesino,

---

[24]Pierre Noël, *Reflexiones anodinas sobre el rango de Maître* : <tinyurl.com/le-grade-de-maitre>.

Hiram. Así, a través de la ideología anglicana, la leyenda de Hiram oscureció la interpretación calvinista, llegando incluso a identificar a los calvinistas con los asesinos del maestro de obras.

La leyenda, que se convertirá en el mito fundacional de la masonería especulativa y en el probable origen del 3er [grado], no se describe por primera vez hasta 1730, en *Masonry Dissected* by Prichard, un texto que entrelaza la historia de la leyenda con indicaciones de prácticas rituales. . La importancia de la revelación de Prichard no está sólo en revelar por primera vez un sistema de tres grados, culminando con el grado de maestría, *The Master's Part* , su profunda originalidad estuvo en proponer la primera versión conocida y coherente de la leyenda que, de ahora en adelante, , constituye el corazón del rango de maestro.

Una hipótesis del objetivo de esta leyenda, formulada por Henrik Bogdan en el texto *La influencia cabalística en el desarrollo del grado de Maestro en Masonería* : " parece obvio que, en su forma original, era un mito de iniciación, a diferencia de más Versiones recientes en las que la leyenda adopta la función de un relato moralista.
La relación con la tradición cabalística se manifiesta más visiblemente cuando se destaca el aspecto iniciático de la leyenda. En el corazón del cabalismo judío se encuentra el objetivo fundamental de la experiencia individual de Dios o *unio mystica*. Es este propósito fundamental el que vincula funcionalmente las dos tradiciones . Ambas tradiciones conducen a una identificación directa con Dios o una experiencia de Dios [25].

---

[25] Henrik Bogdan , La influencia cabalística en el desarrollo del grado de Maestro en Masonería, p.48: <academia.edu/1601260/>.

La propia leyenda de Hiram se detiene aquí para las logias azules de los ritos continentales, pero tiene extensiones en el grado de maestro entre los anglosajones así como en ciertos Altos Rangos Masónicos que se refieren, en particular, a la manera en que los culpables serán castigados y a la continuación de la construcción del Templo de Salomón.

Agricol Perdiguier, oficial carpintero, sobre el deber practicado por los Hijos de Salomón escribió en 1839: "Se difunde sobre ellos una antigua fábula donde se trata de Hiram según unos, o de Adoniram según otros ; vemos allí crímenes y castigos, pero dejo esta fábula por si sirve de algo.

Consultaremos los textos que tratan de la leyenda de Hiram (en orden cronológico) en el sitio mejor documentado [26].

De esta leyenda se han evocado diversas hipótesis, circunstancias o conceptos: la muerte real de Hiram Abif; el mito de Osiris; una alegoría del sol poniente; la expulsión de Adán del paraíso; la muerte de Abel; la entrada de Noé al Arca; el recorrido anual del sol marcado por los equinoccios y solsticios (los tres asesinos serían entonces los tres meses del año en los que el sol se pone); la muerte y resurrección de Mitra de los persas, Baco de los griegos y Atis de los frigios, cuya pasión celebraban estos pueblos; la muerte y resurrección de Cristo, siendo los tres asesinos del Maestro Hiram nada menos que el sumo sacerdote judío Caifás, el rey de Galilea Herodes y el gobernador romano de Judea Poncio Pilato; la persecución de los Templarios y la muerte de Jacques de Molay; la muerte de Carlos I [Estuardo]; una alegoría inventada por Cromwell contra los Estuardo; el asesinato del arzobispo de Canterbury Thomas Becket; un invento de los jacobitas para ayudar a la Casa de Estuardo;

---

[26] El sitio documentado sobre Hiram: <tinyurl.com/documents-Hiram>.

una representación del Siglo de Oro ; el drama de la generación-regeneración; la resurrección como dogma general; el descenso de Eneas al Hades; la revuelta de Korè, Datán y Abiram contra Moisés; Adoram, recaudador de impuestos del rey Roboam; la leyenda de Christian Rosenkreutz; ritos de iniciación chamánica (particularmente en Siberia y Australia); el TRABAJO del Negro en el proceso alquímico de preparación de la piedra filosofal (según René Guénon, Hiram es la transposición simbólica de la *Materia Prima* de los alquimistas); la equivalencia entre Hermes (Trismegisto) e Hiram. Hutchinson, el primer escritor filosófico sobre la masonería en Inglaterra, supone que ésta pretendía encarnar la idea de la decadencia de la religión judía y la sustitución del cristianismo en su lugar y sobre sus ruinas.

Ragon hace de Hiram un símbolo del sol despojado de sus rayos vivificantes y de su poder fructífero durante los tres meses de invierno, y de su restauración al calor generativo en la estación de la primavera [27].

La hipótesis del doctor Pierre-Gérard Vassal sería que fue el propio Salomón quien registró la historia de los tres líderes que fueron ejecutados por su conspiración contra su padre: David, Absalón, Ahitofel y Adonías. El análisis que hace de esta leyenda se puede encontrar en su *Curso Completo de Masonería o Historia General de la Iniciación: desde su origen hasta su institución en Francia* [28].

Es cierto que, para todos los masones del pasado, e incluso hoy para la gran mayoría de los masones de la masonería regular, el mito de Hiram representa, si no la idea

---

[27] Albert G. Mackey, *El simbolismo de la masonería* , cap. XXVII, *La leyenda del tercer grado* : <tinyurl.com/legende-Hiram>.

[28] Pierre-Gérard Vassal, *Curso completo de albañilería...*, de p.213: <tinyurl.com/les-conspirateurs>.

judeocristiana de la resurrección del cuerpo, del menos el Doctrina espiritista de la supervivencia de la persona. En cualquier caso, podemos entender esta leyenda a través de dos historias diferentes, la del "martirio de un héroe" por un lado, y la del "santo fundador" por otro con una finalidad hagiográfica [con intención edificante]. , como dice Philippe Langlet.

Nombres de personajes

Hiram

La palabra Hiram, en hebreo, se compone de tres letras: *Heth, Resch, Mem* . Se le llama principalmente Hiram, pero en 1 Reyes 7:40 se le llama ם ו ר י ח (Hirom) y en 2 Crónicas 4 se le conoce como חורם(Huram). 2 Crónicas 4:16 incluso habla de Huram-abi.

Las cartas del Tarot que corresponden a estas cartas son: *Heth* La Justice, *Resch* Le Judgment, *Mem* La Mort (el compañero). *HiRaM* también puede leerse en este idioma como *HaReM* que designa lo oculto , lo oculto. lugar oscuro o como *Ir'HaM* que significa "alta vida" o "elevación después de la muerte".

Para los rosacruces, se cree que Hiram es una abreviatura de " *Homo Jesus Redemptor Animarum* ".

Hiram, personaje mítico, encarna para la Masonería un sincretismo de estos seres que deben morir para resucitar, para fundar una corriente de Tradición. El personaje de Hiram puede prestarse a interpretaciones simbólicas lo suficientemente amplias como para que todos los masones comulguen con sus predecesores de las más diversas épocas y cultos.

El maestro Hiram, este trabajador sublime, dotado de inteligencia y de raros conocimientos, apodado Hiram Abif, según los intérpretes, significa "enviado de Dios". Este hombre, venerado por Hiram, rey de Tiro, estimado, querido, honrado por Salomón, fue el director principal de la construcción del primer Templo en Jerusalén, coordinó las clases de trabajadores según la masonería.

La tribu de Neftalí de la que procede es la de los herreros (1 Reyes ; 7,14) que sabemos que son, de todas las tradiciones, los que crean el mundo mediante su dominio de las entrañas de la tierra. El hombre Hiram, hijo de una viuda, se presenta como el último herrero, hipotético descendiente de Tubalcaín que fue el primero. Como tal , sería el último portador de los secretos de la creación, el último de los descendientes del hermano de Noé. Por eso el Rey homónimo lo envió a Salomón para que construyera el Templo del Señor (2 Crónicas ; 2,12) porque es muy obvio que los descendientes del creador del Arca, portador de la primera alianza, no No podemos ser ajenos a la construcción de la morada de piedra que acogerá a Dios.
La historia de su muerte y su asesinato por tres compañeros es una ficción favorecida a este respecto por el silencio de las Escrituras.

Cada circunstancia del acontecimiento desastroso, que los albañiles conmemoran en su trabajo, da a conocer las virtudes a practicar. Su salida gloriosa de la tumba, que rastreamos, da a conocer la recompensa. Hiram, yendo asiduamente al Templo para decir sus oraciones, después de que los trabajadores se habían retirado, enseñó a los albañiles que en esta capacidad deben incluso más que los demás un homenaje puro al Ser Supremo. Hiram, asesinado por tres Compañeros que quieren arrebatarle la Palabra del Maestro para usurpar su paga, hace conocer el peligro de las pasiones violentas que pueden conducir a los mayores desórdenes si no son reprimidas, la injusticia de quienes, sin tomar la molestia de hacer sobre sí mismos el trabajo necesario, quisieran arrebatar a los demás sus descubrimientos y apropiarse de sus frutos. Hiram es el símbolo del hombre de gran valor que, a pesar de las tentaciones y persecuciones, logra la victoria sobre sus debilidades y pasiones, acercándose a la perfección humana. Es también el símbolo del hombre fiel al deber, aunque el deber sea inflexible como el destino, exigente como la necesidad e imperativo como el destino. Es , sobre todo, un símbolo del masón que prefiere morir antes que fracasar en la tarea por la que ha jurado.

"Si la historia relata buenas acciones de personas buenas , el oyente conmovido se anima a imitar las buenas ; y si evoca malas acciones sobre hombres malos , sin embargo, el oyente o lector piadoso y temeroso de Dios , evitando lo criminal y vicioso , arde en buscar por su parte aún más hábilmente lo que ' aprendió a ser bueno y digno de Dios'. [29].

Hiram, liberado de su sudario funerario y emergiendo gloriosamente de su tumba, es llamado a una nueva vida, rodeado de las virtudes que ha practicado constantemente y que le aseguran la inmortalidad a la que aspiran todos aquellos de sus avatares que saben hacerlo. También hay que aspirar: 'imitar'.
"Hiram es , desde el punto de vista astronómico, el emblema del sol, el símbolo de su aparente progreso. Bajo esta leyenda alegórica se encuentra la expresión de la gran y profunda ley de la palingenesia que exige la muerte violenta del iniciador como complemento a la iniciación.

---

[29]San Beda , *El Venerable p* . 159 : <tinyurl.com/objectif-moral>.

Hiram, al igual que Osiris, Mitra, Baco, Balder, como todos los dioses celebrados en los misterios antiguos, es una de las mil personificaciones del sol. Hiram significa en hebreo: alta vida; que designa claramente la posición del sol en relación con la tierra. Según el historiador Josefo, Hiram era hijo de un tirio llamado Ur, que significa fuego.

También se le llama Hiram-Abi, padre Hiram, como decían los latinos: *Jovis pater* , padre Jupin; *liber pater* , padre de Baco. Pero entonces existe entre Hiram e Hiram-Abi la misma diferencia que entre los egipcios, por ejemplo, entre

Horus y Osiris. Éste es el sol que se apaga en el solsticio de invierno; éste, el sol que renace al mismo tiempo [30].

Según otra interpretación crística, la de Edouard de Ribaucourt, Hiram sería el anagrama de " *Homo Iesus Rex Altissimus Mundi* ".

Hiram, que vivió, respetó, amó y dirigió la gran construcción con sus talentos y conocimientos, representa la Orden en su estado primitivo, cuando todavía era conocida sólo por sus beneficios y por la justa admiración que inspiraba. Su trágica muerte indica el estado de la Orden, sucumbiendo a la mala conducta de sus miembros señalados por tres compañeros bajo el pretexto de la envidia, la codicia y la calumnia.

No podemos rechazar la hipótesis de que Hiram evoque a Sir Christopher Wren, el arquitecto, el *Maestro del Trabajo,* que reconstruyó San Pablo (también llamado El Templo) después del incendio de Londres y donde está enterrado [31].

---

[30] FT Bègue-Clavel, *Pintoresca historia de la masonería* , p.83: <tinyurl.com/Hiram-soleil>.

[31] Marc Labouret, *Christopher Wren, ¿el modelo de Hiram?* : <tinyurl.com/histoire-Wren>

La suposición más curiosa sobre la identidad de Hiram la hizo la misandre Céline Renooz en su libro de 1925 [32]*La era de la verdad* , afirmando que en realidad una mujer, la hija del rey de Tiro, se escondía bajo el nombre de Hiram. Basándose en el texto hebreo de la Biblia marcado por la feminización de los adjetivos que califican al rey David, Renooz considera igualmente curioso que en realidad este rey fue una reina, llamada Daud, que creó la ciudad de Jerusalén y se comprometió a construir allí el Templo. . "La reina Daud no fue la única que fundó la institución secreta que se extendería a través de la masonería . Tuvo dos colaboradoras, dos Reinas Magas (o Magas), con quienes se formó el tríptico sagrado que desde entonces representan los tres puntos de la Orden. Una es Balkis, reina de Etiopía (llamada reina de Saba), la otra es una reina de Tiro, que estaba escondida detrás del nombre de Hiram. Esta reina de Tiro es Elissar o Dido ". Para Renooz, la leyenda de Hiram y las tradiciones antiguas dan una idea de cuál fue el papel de Salomón: fue él quien atacó y derrocó el poder femenino y estableció la realeza masculina sobre las ruinas de la ginecocracia.

Desde el punto de vista alquímico Hiram es quien lee los Planes divinos y los pone en acción, es quien sostiene de Salomón la Palabra organizadora de la obra y da la sal que permite asociar el sufrimiento de los compañeros. el mercurio de los Maestros. Es el alquimista detrás de la construcción del Templo de Athanor, cuyo propósito se cruza con la Piedra Filosofal [33].

---

[32]Céline Renooz, *Historia del pensamiento humano, evolución moral de la humanidad a través de los tiempos y entre todos los pueblos* : < tinyurl.com/Hiram-femme >.

[33] Escocés de San Juan, *Leyenda de Hiram - Anamorfosis del Maestro* :

< tinyurl.com/Hiram-alchemical >.

La Biblia menciona dos Adoniram וַאֲדֹנִירָם. Uno que también participó en los trabajos del Templo como mayordomo de los leñadores del Líbano (I Reyes 5, 28) y otro Adoniram וַאֲדֹנִירָם en I Reyes, 4 , 6 (que encontramos en II Crónicas 10, 18 bajo el nombre de Adhoram הֲדֹרָם), hijo de Abda, quien fue asesinado durante el reinado de Roboam, hijo de Salomón, mientras recaudaba impuestos. Su nombre también se escribe Adoram, Hadoram.

se descubrió en Sagunto un cuerpo de tamaño prodigioso . Había en la piedra que lo cubría la siguiente inscripción, cuya traducción nos da Billerus Villalpondus que la considera auténtica: HIC EST TUMULUS ADONIRAM SERVI REGIS SALOMONIS QUI VENIT DEMANDET TRIBUTUM MORTUUS EST DIE [34].

Encontramos en la Biblia a otro Hiram (עִירָם), uno de los líderes de Edom (Gén. 36:43). Además, dos Yhoram mencionados frecuentemente en la Biblia: (Joram, יְהוֹרָם), en particular, un hijo de Josafat, rey de Judá en 2 Crónicas, 21; el otro hijo de Acab, rey de Israel en 2 Reyes, 3.

Hiram Abif

En los Antiguos Cargos de la Masonería Operativa Inglesa, el Hiram Abif de la leyenda masónica es citado varias veces como hijo del rey Hiram de Tiro, bajo varios nombres: Adoniram, Haram, Aynone, Aman, Aymon, Hymon, Anon o incluso Adon. Los investigadores han intentado resolver

---

[34] *Manual masónico o Tuileur de todos los ritos masónicos practicados en Francia ,...,* 1830, por un veterano de la masonería, supuestamente Claude-André Vuillaume, nota 3, p. 60: < tinyurl.com/inscription-Adoniram >.

el enigma de la personalidad y obra del arquitecto del Templo apodado Hiram Abif.

El historiador Roger Dachez aporta el fruto de su metódica investigación para discutir los controvertidos orígenes del nombre dado al gran maestro de obras del Templo. La elección del término Hiram Abif para designar, en los textos masónicos, al arquitecto del Templo de Salomón, abre un interrogante. De hecho, la expresión Hiram Abi o Abiv se encuentra sólo en dos lugares de la Biblia: primero en 2 Crónicas 2,12 donde podemos leer Huram Abi (אֲבִי חוּרָם); "Así que te envío un hombre hábil y lleno de conocimiento, Houram Abi". En segundo lugar, en 2Cro ;4,16, donde tenemos a Huram Abiv (אָבִיו חוּרָם) "Todos estos utensilios que el rey Salomón hizo en Huram Abiv para la casa del Señor eran de bronce pulido".

De estos simples datos surgen preguntas: La raíz ab significa padre, abi tiene un determinativo que significa mi padre; en cuanto a abiv, significa su padre. Por consiguiente, desde un punto de vista puramente filológico, estos términos significan: Houram mi padre (Houram abi), Houram su padre (Houram abiv), dos expresiones bastante enigmáticas. Sin embargo, debemos recordar que un significado más amplio de padre, en hebreo, puede indicar la noción de maestro, instructor, líder o consejero, y traducido como tal en la Biblia hebrea/francesa de Mechón.

Encontramos en la Biblia otro Huram (חוּרָם) descendiente de Benjamín a través de su hija Bella, I Chr. .8.5) .
En I Reyes 7.13 que es el tercer lugar bíblico donde hablamos de nuestro Hiram, el artífice, no el Rey, cabe señalar que efectivamente es Hiram, y no Huram, que no es en absoluto Hiram-Abi o Hiram Abif, sino simplemente Hiram (חִירָם), que viene de Tiro, especificando el texto que es hijo de un tirio y viuda de la tribu de Neftalí (Este escrito,

que puede ser traducido por Hiram, está reservado, en todos los demás versos de la Biblia, donde aparece, a Hiram rey de Tiro). Además, en este libro, es exclusivamente un bronceador, quien fundirá las columnas, el mar de bronce del Templo, pero de ningún modo un arquitecto ni un cantero.

Las dos observaciones anteriores sugieren que aparentemente estamos describiendo dos personajes significativamente diferentes, especialmente porque las habilidades de Houram abi, en 2 Crónicas ; 2,13 , son mucho más extensas. Era un hombre dotado para todo tipo de trabajos, sabiendo trabajar "el oro, la plata, el bronce, el hierro, la piedra, la madera, la escarlata, la púrpura, grabar cualquier cosa y todo, inventarlo todo". Este Huram es un personaje muy parecido al de Bezaléel. El texto bíblico acerca el arte de Huram al de Bezaléel (cuya leyenda se menciona en el *Manuscrito Graham*): Es gracias a 3 virtudes que el primer templo fue construido por Bezaléel como está escrito en Éxodo 31,3: "Yo [dios] lo he llenado del espíritu de Elohim en sabiduría, en entendimiento y en conocimiento", וּבְדַעַת וּבִתְבוּנָה בְּחָכְמָה, virtudes que encontramos en Hiram en I Rey 7, 14 "lleno de sabiduría, de inteligencia y de ciencia" - הַדַּעַת-וְאֶת הַתְּבוּנָה- וְאֶת הַחָכְמָה אֶת וַיִּמָּלֵא. Tenga en cuenta también que ambos eran de la tribu de Dan. Las tres virtudes, conceptos, atributos divinos, tipos de fuerzas, niveles de conciencia, procesos que funcionan en las estructuras vivas, los 3 sephiroth retenidos son: Hokhmah, sabiduría, (heith, kaph, mem, je, es decir, 8 +20+40+ 5=67); Tébouna, alias Binah, inteligencia (tav, beith, vav, sustantivo, hey, es decir, 400+2+6+50+5=463); Daath, conocimiento, conocimiento (daleth, eïn, tav, es decir, 4+70+400=474). Sumando estas virtudes obtenemos 67+463+474=1004, o en valor reducido 5, lo mismo que el de la suma de la presencia divina (shekhina, שכינה,

300+20+10+50+5　　=385) y de el Templo sagrado, el mishkan, (משכן) 40+300+20+700 =1060) que equivale a 385+1060=1445, en valor reducido 5.

Si Hiram, en los Libros de los Reyes, era sólo un trabajador del bronce, Houram Abi del Libro de las Crónicas es mucho más ecléctico y posiblemente sepa trabajar la piedra. Sin embargo, sigue siendo un artesano, y no el Maestro Masón del Templo, como lo indican, y sólo ellos, en los Deberes Antiguos. (Hiram no designaría una persona concreta sino una función, la de los capataces descendientes de Tubal-Caïn y dispensadores de una tradición cainita secreta transmitida de generación en generación desde su fundación, en la tierra de Nod donde nacieron los hijos de Caín, los primera ciudad que la Biblia llamó Henokia ".

Podemos entonces pensar que el Hiram Abif de la tradición masónica, que no aparece en los textos hasta 1723, es un personaje compuesto, tomado de dos retratos muy diferentes, y que no se encuentra, como tal, en ningún texto bíblico. Sólo en 1730, con la masonería anglicana tal como aparece en *Masonry Dissected de Prichard* , se convirtió en el único referente mítico del rango de maestro, suplantando a Noé y Bezaléel.

No encontramos ni en Reyes, ni en Crónicas, Ezequiel, Jeremías, ni en los escritos de Flavio Josefo ni en los comentarios rabínicos ningún informe sobre la muerte de Hiram (Abif).

El libro La llave de Hiram relata: El rey Sekenenre estaba librando una gran batalla mental con Apofis, el rey hicso, por lo que necesitaba todo el poder del dios sol Amón-Re para darle la fuerza necesaria para salir victorioso. Sentado en Tebas, salía todos los días del palacio real de Malkata para dirigirse al templo de Amón-Re al mediodía, cuando el sol estaba en su cenit y el hombre prácticamente no proyectaba sombra ni zona de oscuridad sobre el suelo. Cuando el sol estaba en su cenit, el poder de Ra alcanzaba su cúspide y el del dios Apophis, su punto más bajo. Los secretos de la coronación real egipcia desaparecieron con Sekenenrê, el hombre a quien los autores Chistopher Knight y Robert Lomas llaman Hiram Abif (el rey perdido). Cuando se descubrió la momia de Sekenenrê Taâ en 1881, era evidente que había tenido un final violento. Le habían aplastado la mitad de la frente, otro golpe le había fracturado la cuenca del ojo derecho, el pómulo derecho y la nariz. Un tercer golpe le asestó detrás de la oreja izquierda destrozándole la mastoides y acabando en la primera vértebra del cuello. Sekenenrê fue asesinado porque no quería revelar los secretos de la coronación real a los hicsos.

6 LA ASUNCIÓN DEL MAESTRO

Es en el silencio y en la oscuridad ctónica, bajo el sudario, donde germina la elevación del compañero al rango de Maestro. Esta ceremonia se centra en el asesinato de un personaje mítico, Hiram, y su recuperación [35].

El primer problema es el de la elección del personaje Hiram para designar al arquitecto cuyo drama se nos revela, en la masonería, en la célebre revelación de Samuel Prichard, *La Maçonnerie Dissquée* , publicada en Londres en 1730 [36].
Luego viene el problema de la conexión de este drama de los Maestros Masones con los Grandes y Pequeños Misterios [37]. Naturalmente, podemos asignar varias fuentes mitológicas a esta leyenda y encontrar, investigando un poco en la historia de los pueblos antiguos y de las religiones antiguas, egipcias, grecorromanas, incluso celtas, una serie de historias y mitos sagrados que pueden constituir otros tantos   modelos.

Los rituales correspondientes a esta Muerte-Resurrección eran llamados, en el antiguo Egipto, "La Puerta de la

---

[35] No dude en leer el artículo de Papus, *La leyenda de Hiram* , en el número 1 de 1957 de la *Revue L'initiation* : <tinyurl.com/L-Initiation-1957-1>.

[36] < tinyurl.com/maonnerie-dissequee >.

[37] < tinyurl.com/mysteries-grands-et-petits >.

Muerte". En los rituales masónicos modernos, Osiris es reemplazado por Hiram, quien sin embargo sigue siendo muy portador de los mismos significados solares...

Inventor o experto en las artes, herrero, constructor, arquetipo del Hombre Creativo y cuyo propio nombre significa "alto", "grandeza". Matar a Hiram y hacerlo renacer significa que el Sol pierde su fuerza en Invierno para regresar a la Primavera... El ciclo de nacimientos puede entonces reanudarse... Una palabra reemplaza a otra, un aliento reemplaza a otro... y el "sacrificio" es consumado... HRM es el arquetipo de todos los salvadores de la humanidad, así mismo, lo es también el de la continuidad humana y su espíritu creador. Como Odín, es el Dios crucificado en el Árbol del Mundo o dormido en el corazón de   sus   raíces.

También nos preguntamos qué habría pasado si la leyenda no hubiera terminado, como la relata Prichard en *Dissected Masonry* , con una palabra perdida, una palabra sustituida y un arquitecto trágicamente desaparecido. De hecho, podemos ver fácilmente el error de este diagrama: tendremos que encontrar la palabra perdida y reemplazar al arquitecto. Aquí es suficiente para escribir otras cinco o seis leyendas y otras tantas calificaciones nuevas. Si la masonería se lanzó inmediatamente, y durante varias décadas, a una empresa prodigiosa y a veces descabellada creando grados en busca de la Palabra perdida, ¿no es simplemente porque los autores de la leyenda fundacional la construyeron como una historia abierta e inacabada?

El que está en el fondo del valle tiene una representación del mismo. Cuando sube la ladera de la montaña, la vista se vuelve muy diferente. Cada vez que hace una estación a mayor altura, su panorama cambia. Asimismo , podemos entender que desde una perspectiva superior, el mundo de los objetos de ayer entra en una perspectiva radicalmente nueva. El silencio que rodea la tumba del Maestro, más allá de la Muerte, ofrece la renovación del lenguaje, el intercambio de nuevos términos, otra forma de romper el silencio.

" *Si hoy sintiera lo mismo que ayer, perdería las ganas de vivir* ", como dijo el rabino Najman de Bratslav .

La recuperación, la asunción , es obra del respetable Maestro de la logia asistido por los dos supervisores.

Después de haber sido literalmente noqueado por el golpe fatal del mazo del tercer compañero, enterrado bajo el montículo y luego encontrado, el maestro resucitó, exaltado. Entonces, ¿podemos hablar de suposiciones ?

Suposición viene de " *ad+sumere* ", llevar consigo, añadir alguien, algo. Esta etimología la encontramos en asumir. En lógica, es el acto de añadir una hipótesis al razonamiento. En teología: Es la elevación-resurrección de María ayudada por su hijo. Sólo Cristo resucitando hace la Ascensión, pero María, con ayuda, hace la Asunción.

La etimología nos permitiría **hacerlo a partir de la palabra SUM y sus diferentes significados** :
~   El sueño proviene, como su primo el sueño, del dios Somnus , el equivalente romano del griego Hypnos 38, hermano gemelo de Thanatos, el dios de la muerte.

---

[38]La Ilíada de Homero (traducción de Leconte de Lisle) canción 14: <tinyurl.com/Homere-chant14>.

~   La suma, derivada de summus , punto más alto, designa el resultado de una suma, y es similar a cima, cima, pináculo.

~   la suma, procedente de sagma , la carga, el fardo, designa, bajo la expresión bestia de carga, el animal que lleva las cargas.

~   El verbo noquear es similar a dormir-dormir. Noquear a alguien es ponerlo a dormir. Sólo que la palabra inicialmente tenía el significado de abatimiento moral, y sólo más tarde adquirió el significado de matar, y luego el de poner a uno a dormir repentinamente. Algunos creen que en realidad proviene de sagma , la bestia de carga. Derribar sería entonces sentirse abrumado por un peso. La palabra habría derivado significado por contagio etimológico con sueño-sueño.

La idea de sueño se encuentra desde los primeros siglos de la iglesia, tanto entre los latinos como entre los griegos, en la expresión *dormitio* para significar muerte, e incluso... la fiesta de la Asunción de la Virgen.

Sintetizando estas etimologías , la recuperación del Maestro, al mismo tiempo aturdido, dormido, llevado a la cima, resucitado y acogido por el respetable Maestro asistido por los dos supervisores, ¿no puede ser afín a una suposición? Y en este caso, en esta misión psicopomposa, como en las imágenes de la dormición de los santos, nuestros tres primeros oficiales se convirtieron en ángeles (¡sonríe!) .

" En este día de la Asunción, los cielos recibieron con alegría a la Santísima Virgen. Los Ángeles se alegran, los Arcángeles jubilosos, los Tronos cobran vida, los Dominios lo celebran en cánticos, los Principados unen sus voces, las Potestades acompañan con sus instrumentos musicales, los Querubines y los Serafines entonan himnos . Como las entidades celestiales, ¿no exaltan las aclamaciones la alegría por el advenimiento?

Y el maestro renace más radiante que nunca.

¡Sí, sé de dónde vengo! Insatisfecho, como la llama, ardo [estoy ardiendo] para consumirme. Lo que tengo se vuelve luz, carbón lo que dejo: ¡Porque ciertamente soy llama! [39]
No es en la mística de las religiones, que sólo tiene un alcance teológico, donde busco el significado de esta frase, sino en la mística de las iniciaciones que tiene esencialmente un alcance metafísico.

Desde los antiguos egipcios hasta nosotros, **el hombre siempre ha creído esconder en la parte más elevada y luminosa de sí mismo, un principio diferente del cuerpo, que lo controla y le sobrevive** . Fuego divino, según los estoicos; un poco de divinidad entre los cristianos. Siempre la misma intuición de una esencia superior, y específicamente humana, considerada inmortal a modo de esperanza, como en Sócrates, o de certeza, como en Jesús. Todo sugiere que la representación masónica de la muerte termina en algo más que la nada, conduciéndonos a una ficción espiritualista dualista de mente/cuerpo. Si el maestro renace, hay por tanto una continuación de la muerte, una progresión gradual que parece preparar a la muerte material del masón para un renacimiento espiritual en una lucha contra la desorganización morfológica.

Desde otro ángulo, por convergencia, **saliendo de la putrefacción alquímica** , Hiram vuelve a la vida más radiante que antes, como sugiere la frase. Los filósofos llaman *cuerpos* a lo que también llaman *metales* . Más radiante que nunca, se ha creado la Obra Blanca. La fundición de metales se considera muerte. Para la alquimia, tratar la

---

[39] Frédéric Nietzsche , *Le Gai Savoir, Ecce homo* , párr. 62: <tinyurl.com/Le-Gai-Savoir>.

materia prima en un crisol (crux) se llama "crucificarla". El azufre extraído representa la virtud, es decir el núcleo o espíritu del metal.

El cuerpo glorioso es el cuerpo de la inmortalidad. Desde el cristianismo (cuerpo glorioso) hasta el taoísmo (cuerpo arcoíris), este " *nuevo nacimiento* " es la meta normal de cualquier camino espiritual auténtico. En el Rito de la Alta Masonería Egipcia, el alba blanca (o el hábito blanco) es la imagen de este cuerpo glorioso.

En la tradición judeocristiana, la idea del cuerpo glorioso se basa en interpretaciones de un versículo del Antiguo Testamento que dice: "Yahvé Dios hizo al hombre y a su mujer túnicas de pieles y los vistió con ellas" (Génesis 3, 21). Muy pronto algunos exégetas pensaron que la túnica a la que se refiere este versículo está hecha de su propia piel y cubre a los seres de luz que eran antes. Para ello se basaron en que en hebreo las palabras piel, âur (ע ו ר) luz , aur (אור) son similares. Nótese que en hebreo , la palabra â nuestro, despertar , se escribe con las mismas letras que la de la piel (ע ו ר). El delantal de piel representaría entonces la "ropa de piel" con la que el hombre se ha vestido al pasar de lo espiritual a lo biológico. En Cabalá, en el mundo de Atzilouth, el mundo de la emanación, el alma está envuelta en luz (אור, Aur, término cabalístico para la emanación e influencia divina. Debido a sus propiedades, es la metáfora cabalística favorita de la influencia Divina; por El principio Sefirótico de la densificación de la luz, esta envoltura se convierte en el mundo de Assiah, el mundo inferior de acción, la piel (עור, â ur). Este pasaje permite interpretar las túnicas de piel con las que Adán y Eva son vestidos en el Génesis. ; teoría retomada por Martinès de Pasqually en su Tratado *sobre* la reintegración . _

El psicodrama disocia nuestro ser en dos partes: la de sombra y materia, impuras y corruptas como metales que serán enterrados en una fosa o en un mausoleo; la del espíritu que volará lejos de toda contingencia para unirse como el ave fénix a este centro fundacional. El uso de los símbolos ornitológicos nos es conocido desde la etapa de aprendiz con el Gallo, símbolo del despertar vinculado al App\, luego del halcón, símbolo de la búsqueda de las cimas, pero todavía terriblemente material que está, él, vinculado. al Compagnon , y finalmente al Fénix que logró la Unidad.

El fénix , este ave mítica de plumaje escarlata, de incomparable belleza, que, después de haber vivido varios siglos (400 o 500 años), se inmoló en una pira y renació, como un sol, de sus cenizas. Su origen proviene del ave sagrada egipcia Benou (fue el historiador Heródoto quien la introdujo en la mitología occidental), una garza real que fue el primer ser en posarse en la colina original resultante del cieno. Encarnaba al dios del sol en Heliópolis, sus adoradores decían que sólo aparecía cada 500 años. También se cuenta que el fénix se alimentaba exclusivamente de rocío y que traía hierbas aromáticas de regiones lejanas para colocarlas en el altar de Heliópolis, con el objetivo de encenderlas para reducirse a cenizas. Él renació 3 días después. Su conexión con la regeneración de la vida proviene de su asociación con el ciclo diario del sol y el ciclo anual de las inundaciones del Nilo. Para los griegos, Benu se convirtió en el Fénix (*phoinix*), cuyo nombre proviene quizás del verbo egipcio *wbn* que significa "brillar", "brillar" y "nacer" respecto del Sol.

En las leyendas judías se llama **Milcham** . La explicación de su inmortalidad proviene de Eva quien, después de probar el fruto del árbol prohibido, logra también tentar a los animales y hacerles probar el fruto también. Sólo el pájaro Milcham no cedió a la tentación, por ello el ángel de la muerte obediente a Dios le ofreció la recompensa de no hacerle conocer nunca la experiencia de la muerte. Desde entonces, cada mil años, el pájaro arde; Lo único que queda es un huevo que se convierte en polluelo y el pájaro sigue viviendo.

Este pájaro no es el único que no conoce la muerte; fue enseñado: los trece que nunca probaron la muerte son: Milc ḥ soy el pájaro y su generación : Enoc hijo de Jared, Serah hija de Yashar, Bitiah la hija de Faraón , Javetz, Hiram rey de Tiro, Elías, el siervo del rey de Etiopía , el Mesías, y la generación de Yonadav hijo de Rekhev, nieto de R. Yehudah el Príncipe, R. Yehoshua b . Leví y Eliezer, siervo de Abraham.

El fénix es la culminación de la Obra, símbolo del fuego secreto, que "crea" en la piedra filosofal, dándole su color rojo. Asimilado por los alquimistas al azufre filosófico y al número cuatro (los cuatro elementos de la piedra física y las cuatro etapas de la transmutación), el Fénix representa la fijeza del ser vivo en su muerte continua, fuente de renacimiento espontáneo. En alquimia, el huevo representa el caos tal como lo entiende el adepto, la materia prima en la que está cautiva el alma del mundo. Del huevo, simbolizado por el recipiente redondo para cocinar, vuela el águila o el fénix, el alma liberada.

Los primeros cristianos, por su parte, la convirtieron en uno de los símbolos de la resurrección. La sublimación pascual del huevo (paso, resurrección, inmortalidad) se identifica ahora con el simbolismo del pájaro que renace de sus cenizas. El huevo de Pascua simboliza este principio de renovación.

El fénix es uno de los símbolos mayores de todo el Rito Escocés Rectificado, acompañado del lema *Perit Ut Vivat* , "muere para vivir". El Fénix es el emblema de los Novicios Escuderos del Régimen Escocés Rectificado, es también el símbolo más antiguo de la masonería porque es la imagen del honor que perece sólo para revivir y de la Orden que ha perecido en las llamas sólo para ser renacer inmediatamente de sus cenizas.

Los estoicos hicieron del fénix el símbolo de la conflagración periódica del universo, seguida de la regeneración.

La imagen de este animal legendario nos anima a quemar nuestras insuficiencias y renacer de las cenizas del viejo.

Ampliar el acercamiento a este animal mítico con el texto sobre este tema del Prof. Christian Ghasarian, *El renacimiento del Fénix, Mito(s) y símbolo(s)* [40].

Este significado ontológico lo encontramos en el éxodo de los hebreos de Egipto. El arquetipo del Faraón representa el egoísmo absoluto en la Torá. En Faraón no hay nada espiritual, el alma superior no lo acompaña; no ilumina. El faraón es considerado en la Cabalá como un alma vegetativa (o animal) que no brilla; representa a nivel individual la inclinación al mal; el *Yetzer HaRa'* . De hecho, cuando la criatura repara su nivel Paro; sale de Metzarim, de sus límites (otra lectura de Mizraim, Egipto). La luz de la interioridad está representada por Moisés en el relato bíblico; él es la fuerza del deseo altruista. Es el nivel superior del alma el que ilumina. Comienza por encima de *Nefesh* (el alma vegetativa); partiendo de la *Rua'h* , el aliento o el espíritu, entonces, es la *Neshamah* , el alma misma. Las

---

[40] Christian Ghasarian, *El renacimiento del Fénix* : <academia.edu/3520654>.

iniciales de *Neshamah* y *Roua'h* (el [2do] y 3er [nivel] del alma) nos enseñan; revelan la palabra *Nér* (Sustantivo-Reich), luz, opuesta a la opacidad del Faraón.

La serpiente es también un símbolo de la luz de todo renacimiento . De hecho, al igual que la serpiente que muda su vieja piel para adoptar una nueva, la conciencia "divina e inmortal" en cada uno de nosotros rechaza una personalidad en cada muerte para tomar otro renacimiento. Es el símbolo luminoso que representa el ciclo de muchas vidas de un ser humano y **su progresión en la mutación de su conciencia.**

¿Cómo interpretar esta luz del nuevo maestro?

Después de conocer el mundo en sus diferencias, sus manifestaciones, sus colores, con el conocimiento de la sombra, el maestro lo conoce en su unidad con el conocimiento de la luz. Cuando Hiram regresa al mundo, las cortinas de la lúgubre habitación se abren y dejan entrar la luz, la de la vida, la luz original liberada de la escoria acumulada durante los viajes anteriores. La loge est reformée dans la Chambre du Milieu des maîtres maçons, lieu très éclairé comme il est dit dans le Rituel: «La loge retrouve le Corps Glorieux, devenu Corps de Lumière contenant l'espace / temps / univers / corps de lumière /corps de vida." Implícitamente es el cese de la cadena de vidas y muertes, del karma, es liberación.

La luz, la iluminación, para Emmanuel Kant, es la salida del hombre del estado de tutela del que él mismo es responsable (el estado de tutela es la incapacidad de utilizar su entendimiento sin la conducta de otro). El amo es un ser responsable, ajeno a este estado de supervisión.

La muerte de Hiram es necesaria para que nos impregne. El maestro es entonces como un pájaro al que Nerval llama la elusiva llama viva. La luz no puede pudrirse, no es del orden de lo visible pero, como la mente, puede mostrar orden ab caos. Cuando una estrella gigante roja muere, destruye todo su sistema solar con todos los planetas que contenía. Pero este acto destructivo libera el polvo de la vida al espacio. Estas partículas químicas liberadas en grandes cantidades propagarán la vida en otros lugares. Así que no olvidemos que estamos formados por protones que giran a la velocidad de la luz y, como una estrella gigante, el maestro conoce la unión, el contacto entre el cuerpo y la luz.

Según la teología cristiana: "Es Dios el Hijo mismo, el Verbo de Dios, quien resucita de su cadáver. Por tanto, su alma resurge y la forma gloriosa de este cuerpo reanima victoriosamente su cadáver. Él es el Mediador en Su cuerpo de Su resurrección". Para la alquimia, tratar la *materia prima* en un crisol (crux) se llama "crucificarla".

La aureola es de alguna manera una prefiguración de la resurrección, particularmente de los santos [41], en un cuerpo glorioso; según Orígenes, este cuerpo resucitado tendría forma de esfera.

Para Paracelso el hombre es entendido según sus tres cuerpos, *pero también según sus tres espíritus que son tres luces* . El primero de estos espíritus es el que anima nuestro cuerpo visible de carne y hueso. Es gracias a él que se cumplen las funciones naturales : nutrición, procreación. El segundo de los tres espíritus es el que reina en nuestro cuerpo sideral invisible y es uno con él. Se sitúa al nivel de nuestro pensamiento, de nuestra imaginación activa. Es el espíritu sideral. Finalmente, el tercer espíritu se identifica con el

---

[41] Dominique Clairambault, *Carne espiritual y cuerpo glorioso en el martinismo* : <tinyurl.com/corps-glorieux>.

cuerpo glorioso, también invisible, generado por el Espíritu Santo.

El Sol es el prototipo de los muertos que renace cada mañana .

El nuevo maestro es imperecedero porque se identifica con la totalidad luminosa, "está más radiante que nunca". Esta expresión expresa también el aspecto solar del Rito. Hiram es de tipo solar: su rito se desarrolla desde el ocaso hasta el amanecer, desde la muerte del sol hasta su despertar. Símbolo cósmico, por asimilación a la luz solar.

En el ritual masónico, Hiram representa el Sol, más idealmente la Luz, de la que se habla al principio del Génesis y la del Evangelio de San Juan: luz del espíritu, inteligencia suprema, conocimiento de la cosa en sí. Al sustituir al héroe asesinado por el destinatario, Hiram reedita el mito de la reintegración, es decir, el retorno a la unidad que permite reunir lo que está disperso.

Cuando Hiram regresa al mundo, las cortinas de la lúgubre habitación se abren y dejan entrar la luz, la de la vida, la luz original liberada de la escoria acumulada durante los viajes anteriores. La loge est reformée dans la Chambre du Milieu des maîtres maçons, lieu très éclairé comme il est dit dans le Rituel: «La loge retrouve le Corps Glorieux, devenu Corps de Lumière contenant l'espace / temps / univers / corps de lumière /corps de vida." Implícitamente es el cese de la cadena de vidas y muertes, del karma, es liberación.

Es una liberación idéntica a la de todos los ritos funerarios bárdicos, egipcios, tibetanos, etc. El nuevo maestro es el vivo liberado, ha conocido las dos caras de la misma moneda : la de la vida, la de la muerte [42].

---

[42]Completar con el texto *El doble cuerpo de Hiram* de Jean-Bernard Lévy: <academia.edu/11788186>.

Quedan por profundizar un cierto número de temas, de los cuales he aquí algunos:
· La relación entre la tríada superior y la base cuaternaria que permite establecer el Hombre arquetípico a partir del septenario…
· La encarnación mediante el sacrificio. · El tablero de la logia del maestro. · El simbolismo ontológico del Templo de Salomón. · La acacia. · Las herramientas utilizadas para matar a HiRaM. · El significado espiritual de la palabra del Maestro que os fue revelada con vuestra elevación y su origen a través de los antiguos. textos de la Masonería. · Resurrección, reencarnación, muerte simbólica. · El enigma de Hiram y su asesinato, el misterio de su nombre y los motivos de esta elección. · Y otros temas de estudio hacia los que conducirá la espiritualidad de cada persona…

Luces hacia la Cámara central

7 INVESTIGACIÓN MASÓNICA SOBRE LOS ASESINOS DE HIRAM

**La historia de Hiram comienza
verdaderamente por su asesinato.**

"El viaje masónico te lleva desde la prueba del espejo hasta la muerte de Hiram, desde la conciencia individual de tus errores, faltas y crímenes íntimos, hasta la conciencia colectiva de la inevitabilidad del mal compañero que hay en cada uno".[43]

La humanidad aún no sabía hablar, ya había aprendido a matar. Todas las civilizaciones, tanto en sus mitos fundacionales como en sus leyendas simbólicas, se construyeron sobre asesinatos trascendentes, por ser demiúrgicos.

Pero aquí está: el "salvajismo" de los pueblos prehistóricos sería sólo un mito forjado durante la segunda mitad del siglo XIX para reforzar el concepto de "civilización" y el discurso sobre el progreso realizado desde los orígenes. La visión miserabilista de los "amanecer crueles" está siendo reemplazada hoy –particularmente con el desarrollo del relativismo cultural– por la visión igualmente mítica de una "edad de oro". La realidad de la vida de nuestros antepasados probablemente se encontraba en algún punto

---

[43]Annick Drogou, Jean-Marc Pétillot, *Diccionario de masonería*, 2019, con la palabra **Culpable** ,..., Numérilivre Eds.

intermedio. Como muestran los datos arqueológicos, la compasión y la ayuda mutua, así como la cooperación y la solidaridad, más que la competencia y la agresión, fueron probablemente factores clave en el éxito evolutivo de nuestra especie [44].

En la visión freudiana, llegar a ser adulto es un largo aprendizaje. "Debes, por etapas: matar a tus dioses, matar a tus amos, matar a tus padres, matar a tus hermanos y finalmente matar a tus compañeros. Esto es hacerse hombre, hijo mío". En *Tótem y tabú* , Sigmund Freud teoriza sobre tiempos antiguos en los que una horda salvaje estaba dirigida por un patriarca tiránico, dueño de todas las mujeres. Sus hermanos se rebelaron y lo mataron. Pero, abrumados por la culpa, lo adoraron y fundaron la religión, incluso la cultura, sobre el remordimiento por este asesinato. Freud elabora este mito para fundar una filogénesis (relación) del complejo de Edipo.

Siguiendo los pasos de René Girard, la Pasión de Cristo, revelando a la víctima tal como es , un perseguido, un inocente, inicia una historia verdaderamente humana, es decir, desprovista de esta compulsión a la violencia y a la represión inducida por la imposibilidad de una solución. Es más que una "deconstrucción" como le gusta decir a Girard, es un verdadero estrago de destrucción conceptual. A través de Cristo, la no violencia se ha hecho posible y, para nuestra civilización, los comportamientos mágicos, míticos, inconscientes, pueden ser superados por el mecanismo de persecución puesto de manifiesto gracias al análisis del principio mimético. No es necesario recurrir a conceptos freudianos que pueden evitarse.

---

[44] Le Monde Diplomatique, Marylène Patou Mathis, *No , los hombres no siempre han hecho la guerra* : <tinyurl.com/Hommes-et-violences>.

Sin embargo, este mensaje de amor ha sido traicionado por 2000 años de crímenes, terror y represión en la página negra del cristianismo [45].

Se discute el origen de la palabra asesino . El término asesino proviene del nombre persa *Hašišiyun* que designaba a los miembros de una secta musulmana militante, también llamada Nizârites, particularmente activa en el siglo XI en Persia, que asesinaba públicamente a sus oponentes; estos hombres fueron llamados *Fédavi* , es decir los que se sacrifican. Iban vestidos de blanco como los seguidores de Mocanaa en Transoxane tres siglos antes, y como los neófitos cristianos antes que ellos.

Su líder carismático era Hassan ibn al-Sabbah, el Anciano de la Montaña; su gobierno no era ni debía ser el de un reino o principado; era una hermandad, una orden. Los artículos de fe y los deberes de un Asesino (recogidos en un catecismo titulado *Askhinaï-risk, Conocimiento de su vocación*) no tenían más fundamento que simples alegorías; le enseñaron a considerar como esencial sólo la práctica del culto interior, y a mirar con indiferencia la observación o violación de las leyes de la religión y la moral; por tanto, debe dudar de todo y tener como principio que nada está prohibido.

Mencionado frecuentemente, asesino proviene del árabe *haschashin* , aquellos que fuman hachís o cannabis. El hachís es una droga, Hassan ibn al-Sabbah lo habría utilizado para condicionar a sus discípulos. Intoxicó a algunos de sus asociados con esta planta, prometiéndoles que, si morían en su servicio, obtendrían las felicidades que acababan de saborear. Sin embargo, no es seguro que esta práctica existiera.

---

[45] Enrico Riboni, *La página negra del cristianismo 2000 años de crímenes, terror, represión* : <tinyurl.com/Page-noire-christianisme>.

Según otros, el término deriva del árabe *assassiyoune* que significa "el que vigila", aquellos que son fieles a los Asās, el fundamento de la fe. Este sería el nombre que utilizó Hassan ibn al-Sabbah para designar a sus discípulos.
En el ^siglo XIII^, la palabra pasó al italiano con la forma *asesino*. para designar a un líder musulmán que lucha contra los cristianos y luego a un sicario. En el ^siglo XVI^, la palabra pasó al francés con este significado para designar a cualquier persona pagada para cometer un asesinato.

Para los trovadores esta palabra describía la fidelidad amorosa ciega .

Aunque los seres humanos no tienen, a diferencia de los animales, frenos naturales a la agresión entre especies, necesariamente tienen la intuición de que el crimen no es un acto noble, porque en última instancia, como decía Séneca, el hombre es algo sagrado para el hombre. Además, a nivel de esta percepción, el ser humano es consciente de que la benevolencia y el respeto por los demás son las condiciones de la convivencia social; no puede haber existencia sin convivencia. Aristóteles también recuerda que el hombre es un animal que no está destinado a vivir en soledad, lo que se refiere a la existencia de un orden social que se reproduce según la lógica de lo convencional y no mediante un sistema de creencias. Esto es lo que se llama el En Sí ético del mundo, o la sustancia ética del ser humano. La comunidad jurídica es la condición misma para su realización. "El Estado de justicia no puede crear las condiciones para el reinado del Bien a nivel universal, sin el surgimiento de una conciencia axiológica en su plenitud, capaz de realizar su obra de verdad y de justicia ". En consecuencia, se trata no sólo de reconocer lo que es, sino también de condenar todos los sistemas de valores y acciones que han negado la universalidad de la alteridad y han producido la universalidad del crimen.

Y en este caso deberíamos esperar que los asesinos de Hiram sean juzgados y condenados.

En el Rito de York, la ejecución de los 3 malvados compañeros, los asesinos de Hiram, forma parte de la ceremonia de tercer grado. Este tema sólo se desarrolla en los días 9, 10. y 11° grados de la REAA.

Pero quienes son o que son estos malos compañeros?

Encontramos, de manera más o menos análoga, en todos los ritos masónicos de Hiram, la historia de los malos compañeros que puede narrarse de esta manera.

Los malos compañeros que estaban acostumbrados a deslizarse entre los maestros para recibir el salario, viéndose frustrados por la organización de Hiram para el pago, resolvieron obtenerlo a cualquier precio. Y viendo claramente que sólo podían tenerlo con la palabra, el pase y el toque del maestro, celebraron consejo sobre el modo de tomarlo. No encontraron otra manera que entregársela voluntariamente o por la fuerza y decidieron arrancarle la contraseña a Hiram o asesinarlo. Lo esperan a la salida del templo y cuando Hiram se presenta en la Puerta Oeste, el albañil intenta obligarlo a revelar el secreto. Hiram se niega y lo golpean en el hombro con una regla. Hiram huye hacia la Porte du Midi donde el carpintero, siguiendo el mismo escenario, le propina un golpe con una palanca o una escuadra. Hiram huye una vez más hacia la Puerta de Oriente donde el minero lo remata con un mazo. Los tres cómplices llevaron el cuerpo a un lugar apartado donde lo enterraron, luego cavaron otras dos fosas, una para su ropa y otra para su bastón. Los objetos utilizados para golpear al

Maestro no eran armas de metal (estaban prohibidas dentro del Templo), sino herramientas de madera o cartón.

¿Esta epopía sólo evoca un deseo imperioso de monopolizar lo que los compañeros ignoran o sólo consideran desde el punto de vista estrictamente material "un salario", demostrando así su falta de perseverancia, de paciencia tanto como de discernimiento y de capacidades reales?

Hay tres rebeldes típicos: el rebelde contra la naturaleza, el rebelde contra la ciencia, el rebelde contra la verdad. Estaban representados en el infierno de los Antiguos por las tres cabezas de Cerbero. Están representados en la Biblia por Coré, Datán y Abirón. Los Templarios los llaman Squin de Florian, Noffo Dei y el desconocido que los traicionó.

Según la doctrina de los maestros, los malos compañeros son también la ambición, la mentira y la ignorancia, o bien el error, el fanatismo y la soberbia. También son la envidia, la avaricia y la soberbia: la envidia, que envenena todo goce y busca destruir el del prójimo; la avaricia, que muchas veces nos vuelve injustos y casi siempre insensibles ante las desgracias ajenas; orgullo, que se irrita con todo y nunca perdona (en la Antigüedad esto tenía un nombre: hubris , ὕβ ρις , fue el mayor crimen. castigado con el castigo de Némesis, divino e irrevocable ya que resulta en la aniquilación pura y simple del individuo) . Pasiones fatídicas que a menudo ciegan al hombre.

En la leyenda del masónico Hiram, los sinvergüenzas son designados con nombres que varían según los ritos; encontramos Jubelas, Jubelos, Jubelum (*Guía de los masones escoceses* 1810: "Jubelas, en la puerta sur. Jubelos, en la puerta oeste. Jubelum, en la puerta este" "(no confundir con Jubel y Jubal, los hijos de Lamec).

Sekenenrê, negándose a revelar el secreto que le permitiría resucitar a la vida divina y que luego tendría el papel humano de faraón, es decir, representante de Dios para servir de vínculo entre el Creador y la humanidad, fue asesinado. Un joven sacerdote llamado Jubelo supuestamente permitió que los asesinos ingresaran al templo donde se encontraba el Faraón. Inspirándose en esta historia, Chistopher Knight y Robert Lomas, en su libro *La llave de Hiram,* equiparan Sekenenrê Taâ con Hiram Abif.

También encontramos para los asesinos los nombres de Holem, Sterkin y Hoterfut, o Abiram, Miphiboseth del nombre de un pretendiente ridículo y lisiado al reinado de David (*Historia de la magia* , Eliphas Levi, 1860), Phanor, Amrou y Habirama (que significa el que derroca al padre) el minero, también llamado Méthoushaël , por su otro nombre Hoben, aprendices u oficiales, de diferentes oficios, furiosos por haber sido negados el dominio. El ritual del décimo [grado] de la REAA los nombra en presencia de sus cadáveres: en Oriente un esqueleto que representa a Abiram Akyrop (a veces llamado Jubulum Akyrop o Hoben); al oeste, un esqueleto que representa a Sterkin (a veces llamado Jubella Guibs); al sur un esqueleto que representa a Oterfut (a veces llamado Jubello Gravelot).

Mackey, en su *Enciclopedia* escribe sobre la palabra *Asesinos de Tercer Grado* [46]: tenemos los tres "JJJ" en los ritos York y Americano. En el sistema Adonhiramita tenemos a Romvel, Plover y Abiram. En el Rito Escocés encontramos los nombres dados en los rituales antiguos como Jubelum Akirop, a veces Abiram, Jubelo Romvel y Jubela Gravelot. Schterke y Oterfilt están en algunos de los rituales alemanes, mientras que otros rituales escoceses tienen a Abiram,

---

[46] < tinyurl.com/assassins-according-Mackey >.

Romvel y Hobhen. Para el rito de Pérignan, encontramos a Kunkel, Gravelot y Abyram Akirop, que es la contraseña, y en el catecismo del segundo elegido de Pérignan, "Romvel a las puertas del Oeste, armado de una regla, Chorlito a la del Norte. , armado con un mazo y Abiram al del Sur, armado con una palanca. Fue él quien lo derribó al suelo y lo dejó muerto [47].

Sobre la palabra ABIRAM, escribe: "Uno de los artesanos traidores, cuyo acto de perfidia forma una parte tan importante del Tercer Grado, recibe en algunos de los altos rangos el nombre de Abiram Akirop. Estas palabras ciertamente tienen un sentimiento hebreo; pero las palabras significativas de la masonería, con el paso del tiempo y en su transmisión por maestros ignorantes, se han vuelto tan corruptas en la forma que es casi imposible rastrearlas hasta una raíz inteligible. Pueden ser hebreos o anagramatizados; pero sólo el azar puede darnos el verdadero significado que sin duda poseen las dos palabras combinadas. La palabra Abiram significa padre de la nobleza, y puede haber sido elegida como el nombre del artesano traicionero en alusión a la historia bíblica de Coré, Datán y Abiram que conspiraron contra Moisés y Aarón. En el ritual francés del Segundo Elegido se dice que significa asesino o asesino, pero esto no parece ser etimológicamente correcto. El hermano Mackenzie sugiere que Akirop pudo haber venido de Karab, hebreo para unirse a la batalla. También propone Abi-ramah, que significa "destructor del padre" en hebreo.

En su significado preliminar, la pérdida de la Palabra que significa la muerte de Cristo, los tres asesinos son el mundo, la carne y el diablo —para usar los términos técnicos y convencionales. El Maestro Constructor que erigió la Casa

---

[47]Vídeo, Asesinos del tercer grado: Enciclopedia de la masonería Por Albert G. Mackey: <tinyurl.com/Mackey-assassins-les-Roses>.

de la Doctrina Cristiana es el mismo Cristo. Desde otro punto de vista, los malhechores fueron Pilato, Herodes y Caifás . Es en este sentido que *El Masón Coronado* reemplaza a Judas, Caifás y Pilato, los tres autores de la muerte de Jesús.

Sus nombres llevan consigo la villanía que los hace actuar. "Phanor, Amrou y Méthousaël habían huido; pero reconocidos como falsos hermanos, perecieron a manos de los trabajadores, en los estados de Maacah, rey de la tierra de Geth, donde se escondieron bajo los nombres de Sterkin, Oterfut y Hoben.

Los rosacruces de Kilwin nombraron a los tres asesinos Gain, Hakan y Heni.

Jean-Marie Ragon escribe en *el Curso filosófico e interpretativo de las iniciaciones antiguas y modernas* : "encontramos allí la mayor confusión; son a veces *Sterkin* o *Stolckin* , *Zéomet*, *Eléham* ; a veces *Johaben* o *Johabert* , *Elechior*, *Tercy* ; a veces *Toffet* (de *thopel* , ruina), *Tabaor* (*tebach* , occisio), *Edom* (*sanguineus*)" [48].

La Biblia hebrea los llama Akirof, Strakine y Astrafal [sic], mientras que las tradiciones islámicas los llaman Amrou, Phanor y Metoushaël [49].

El Templario ve allí a Squin de Florian, a Noffo Dei Florentin y al Desconocido, en cuyo testimonio Felipe el Hermoso acusó la orden ante el Papa, o incluso a los tres

---

[48] Jean-Marie Ragon, Curso filosófico e interpretativo de las iniciaciones antiguas y modernas, p.205: <tinyurl.com/assassins-selon-Ragon>.

[49] Diccionario de gnósticos y principales iniciados desde Wautier hasta la palabra Jubela,...: <academia.edu/7042547>.

abominables, Felipe el Hermoso, Clemente V y Noffo Dei Florentin.

Picart, en una nota a pie de página de la *Historia de las religiones y la moral de todos los pueblos del mundo* (volumen 6), sugiere que " estos tres sinvergüenzas representan para los jesuitas los tres reinos que los expulsaron descortésmente " [50].

En el Rito de York conocemos los nombres de los malos compañeros (Jubela, Jubelo, Jubelum) porque faltan, son los tres de Tiro. Los compañeros expresamente nombrados están presentes en el sitio (Amós, Caleb, Esdras, Josué, Ezequías, Natán, Samuel Isaías, Aholiab, Gedeón, Haggui, Daniel).

En inglés, los tres asesinos de Hiram se denominan colectivamente *Juwes*. El autor Stephen Knight acusó a la masonería de estar detrás de los asesinatos de Jack el Destripador debido a la frase encontrada en una pared después del asesinato de Catherine Eddowes: " *Los Juwes son los hombres que no serán culpados por nada* ".

Albert Pike relaciona el nombre de los criminales con una tríada de estrellas agrupadas en la constelación de Lira y llama la atención sobre el hecho de que también aparece un antiguo dios caldeo, Baal (*Beth, Lamed*), designado como encarnación del demonio por los judíos. en los tres nombres Jubela, Jubelo y Jubelum.

Gérard de Nerval, en *Las noches de Ramazán , capítulo XII, Macbenach* relata el testimonio de un fiel compañero de Adoniram a Salomón: Reconocí que el primero es albañil, porque dijo: Mezclé la piedra caliza con el ladrillo, y la cal se desmoronará hasta convertirse en polvo. El segundo es

---

[50]Historia de las religiones y las costumbres de todos los pueblos del mundo: <tinyurl.com/assassins-pour-les-jesuites>.

carpintero ; dijo: He extendido los travesaños de las vigas, y la llama los visitará. En cuanto al tercero, que trabaja los metales, estas fueron sus palabras: Tomé lavas de betún y azufre del envenenado lago de Gomorra; Los mezclé con el hierro fundido. En ese momento, una lluvia de chispas iluminó sus rostros. El albañil es sirio y se llama Phanor; el carpintero es fenicio, se llama Amrou; el menor es judío de la tribu de Rubén, su nombre es Matusael [51].

Son nombrados en un ritual del rito Misraïm de 1820: Hakibouth (en la puerta sur), Hahemdath (en la puerta oeste) y Haghebouroth (en la puerta este), nombres hebreos que significan orgullo, ambición y codicia.

Los tres malos compañeros que atacan al maestro son los avatares del error simbolizado por la inversión del simbolismo de la regla (imagen de la verdad), del fanatismo simbolizado por el cuadrado (imagen de la rectitud), de la autoridad de Mallet pero autoridad que nosotros intenta usurpar a través del orgullo.

Los villanos utilizan herramientas, sin saberlas, para matar al Maestro Constructor. La primera herramienta, la regla utilizada sin brújula por el delincuente, es la imaginación exaltada que persigue sus propios deseos hasta el infinito, fuera de toda realidad. La segunda herramienta, la palanca popular (o la escuadra según los ritos, o el rodillo en el Ritual de Luquet) se convierte en instrumento de tiranía en manos de la multitud y espera, incluso más que la regla, la realeza de la sabiduría y la virtud. . ¡El tercer golpe letal se da con el mazo, la herramienta del Venerable! Esto se refiere a la dualidad del conocimiento y la naturaleza. Este aspecto de la leyenda nos enseña que el conocimiento alterado o

---

[51]Gérad de Nerval, *Voyage en Orient, Les nuits du Ramazan* , p.125: <tinyurl.com/les-nuits-du-Ramazan>.

falsificado ya no se utiliza para la construcción sino para la destrucción. "Nos emanciparemos de la esclavitud mental porque mientras otros pueden liberar el cuerpo, nadie excepto nosotros puede liberar la mente. La mente es tu único soberano, soberano. El hombre que no es capaz de desarrollar y usar su mente es necesariamente esclavo del otro hombre que usa su mente". (Marco Garvey).

Para la mayoría de los ritos que conservan el aspecto moral de la leyenda, los asesinos de Hiram son los vicios que impiden alcanzar un estado de perfección, los nueve maestros en busca del cuerpo de Hiram son las virtudes y deberes masónicos. Esta interpretación es similar a la explicación dada al rito del espejo: ¡seríamos nuestro peor enemigo!

No debemos descartar la interpretación de la muerte de Hiram como la del ciclo solar y entonces los tres compañeros son los signos del zodíaco invernal, los que dan muerte a Hiram: Libra, Escorpio y Sagitario quienes, hacia mediados del otoño, ocupan estos tres puntos. del cielo, de modo que el primero está hacia el declive o hacia el oeste, el segundo en su ascensión recta hacia el sur, y el último comienza a aparecer hacia el este, esto que está representado por la puerta oriental donde muere Hiram; como el sol muere en Sagitario e inmediatamente renace o comienza un nuevo año en Capricornio. Los tres asesinos corresponden a los tres signos del otoño, que provocan la muerte del lucero del día. El nombre Abi Balah (asesino del padre), que lleva el más culpable, designa suficientemente a Sagitario, constelación que de hecho trae la muerte al sol, padre de todas las cosas (*rerum omnium pater*).

Con Jean Marie Ragon, este es el lugar para notar el efecto perpetuo de los significados equívocos de la mayoría de las palabras en las traducciones ; citaremos, por ejemplo, las dos palabras matar y resucitar. Matar se traduce de la palabra latina *occider* e, de la que hicimos occidente, y esta palabra tan común no representa para nosotros ni asesinato, ni asesinato, ni nada repugnante, porque Occidente, en estilo alegórico, es el 'to'. sea el tiempo o el punto del mundo que mata, porque hace desaparecer el sol y alternativamente todas las estrellas; asimismo, por una audaz metamorfosis, encontramos la palabra *resurgere* , traducida por la palabra resucitar, aunque este verbo latino nunca significó volver a la vida, sino resucitar por segunda vez, resucitar, lo cual conviene perfectamente al sol [52].

La historia del asesinato de Hiram a manos de tres malvados compañeros pretende mostrar una clara diferencia entre el bien y el mal, pero ¿es realmente tan clara esta separación?

Gérard de Nerval, en *Les nuits du Ramazan* [53], **explica su acción, culpando a Hiram** porque " esclavizó a los carpinteros a los mineros. La segunda: subordinó a los albañiles a los mineros. El tercero: quería gobernar a los mineros. "El primero respondió: Él da su fuerza a los extraños. La segunda: no tiene patria. "El tercero añade: Eso es bueno. Los compañeros son hermanos ,... comenzó de nuevo el primero. Las corporaciones tienen los mismos derechos, continuó el segundo. El tercero añadió: "Está bueno".

Utilizando este tipo de motivo, ¿los malos compañeros que matan al patrón no serían trabajadores oprimidos por un

---

[52]filosófico e interpretativo de las iniciaciones antiguas y modernas: <tinyurl.com/cours-philosophique>.

[53]Viajes por Oriente, Historia de la Reina de la Mañana y de Solimán, Príncipe de los Genios, Cap.V, El Mar de Latón: <tinyurl.com/la-mer-d-airain>.

mal patrón que rechazó cualquier aumento de salario ? ¿No serían rebeldes contra un orden pesado, injusto y cerrado? ¿No revela, en efecto, su arrebato fatal la crueldad brutal del orden patriarcal encarnado por el padre [54]?

Deben entonces condenarse a muerte los malos compañeros ? [55]

La ambigüedad entre culpa e inocencia

La ceremonia de elevación presenta **juegos de roles alternativos y ambiguos** . En la REAA, el compañero recibido es tratado al inicio de la recepción como culpable y, sin embargo, sabemos que es inocente ya que sucederá al maestro ideal. Durante la epopía que narra el asesinato, el destinatario, aunque sigue siendo un compañero, desempeña el papel de Hiram ; él es a la vez quien transmite y quien recibe el ejemplo de respeto al compromiso hasta la muerte, es el discípulo y el maestro.

¿Acaso el propio Hiram no cumplió con las amenazas revelando su secreto ya que se dice que, si Salomón sustituyó palabras, fue porque pensó que su Maestro Constructor había cedido a la presión de sus atacantes?

El último maestro recibido "resucitado" durante la ceremonia de recepción del rango de Maestro, toma el lugar temporal del cadáver de Hiram para probar la inocencia del destinatario que debe pasar por encima de él.

El muy respetable maestro y los dos supervisores hacen el papel de malos compañeros que participan en el magnicidio; Además de ser al mismo tiempo los agentes, los tres

---

[54] Vídeo: Henri Laborit, *ELOGIO del vuelo* : <tinyurl.com/inhibition-de-l-action>.

[55] *Súplica por tres malos compañeros* : <ledifice.net/7077-C.html>.

intervienen en la recuperación de los muertos. Al provocar la pérdida del habla, crearán un habla sustituida.

Ningún papel en la vida es definitivo, depende del determinismo social y de la naturaleza del problema que enfrenta el grupo.
La puesta en común natural de necesidades, seguridad y fuerzas puede ser, por tanto, el significado moral de una organización cooperativa y pacífica de grupos [56].

La responsabilidad del asesino

Al elegir nuevos aprendices entre los laicos, ¿no están los maestros introduciendo "malos masones"? ¿Se podrían haber evitado los escándalos que son tan populares entre los periodistas mediante selecciones más sensatas?

Más allá de esta realidad, está sobre todo la comprensión de que un acto de traición sólo puede ser, en definitiva, un **acto al servicio del destino del asesinado.**

Tomemos el ejemplo de Judas, el compañero de Jesús. Si para la Biblia la causa de Judas Iscariote no es defendible [57], otros piensan que al entregar a Jesús, Judas habría "obligado" a Jesús a cumplir su destino y que sin él Jesús habría huido. Es en este sentido que Armand Abécassis sugiere comprender las acciones de Judas. Al ver que Jesús no asume plenamente su papel de Mesías y que las autoridades religiosas conspiran contra él, Judas quiere acelerar el curso de los acontecimientos. Cree

---

[56] Vídeo, *experimento con ratas de Didier Desore* : <tinyurl.com/Faits-comme-des-rats>.
[57] ¿Es defendible la causa de Judas Iscariote? < tinyurl.com/la-cause-de-Judas >.

fervientemente que Jesús es el Mesías y quiere que éste se enfrente a los sumos sacerdotes para que comprendan su error [58]. Otros más dan crédito a la idea de que fue el mismo Jesús quien le pidió que lo entregara a las autoridades para que pudiera ser liberado de su cuerpo material y regresar a la luz: "¡Haz lo que debes hacer, haz -EL"! Judas participó en el plan de Dios al liberar a Jesús; si no hubiera muerto en la cruz, probablemente el cristianismo nunca habría nacido.

¿No fue esencial el papel de Judas, aparentemente dañino, en el mesianismo de Jesús?

Asimismo, ¿no son los malos compañeros la mano del destino que fundó el mito de Hiram? "Sin ellos, ahí están para siempre dentro de estos demonios, imposible nombrarlos, por lo tanto imposible luchar contra ellos y aprender a dominarlos. Sin ellos nuestras pasiones reinarían para siempre sobre nosotros, en el sopor de nuestra conciencia y en la complacencia de nuestro ego. Sin ellos no habría asesinato. Sin asesinato no hay investigación, sin investigación no hay búsqueda. Sin nuestros tres compañeros la búsqueda se detiene, o peor aún , ni siquiera comienza. Sin el asesinato de Hiram no hay sacrificio fundacional del mito. Sin asesinato no hay palabra perdida, sin palabra perdida no hay búsqueda para encontrarla, sin búsqueda no hay sustitución, sin sustitución no hay renacimiento, sin renacimiento no hay nuevos Maestros, sin Maestros no hay iniciaciones, sin iniciaciones no hay masón libre" [59].

En resumen, ¡una manera de poner la historia de Hiram en un tono cristiano !

---

[58]Judas el más fiel de los discípulos de Jesús: <tinyurl.com/Judas-fidele-de-Jesus>.

[59] Súplica por tres malos compañeros : <ledifice.net/7077-C.html>.

El error de interpretación

No debemos descartar la interpretación de la muerte de Hiram como la del ciclo solar y entonces los tres compañeros son los signos del zodíaco invernal, los que dan muerte a Hiram: Libra, Escorpio y Sagitario quienes, hacia mediados del otoño, ocupan estos tres puntos. del cielo, de modo que el primero está hacia el declive o hacia el oeste, el segundo en su ascensión recta hacia el sur, y el último comienza a aparecer hacia el este, esto que está representado por la puerta oriental donde muere Hiram; como el sol muere en Sagitario e inmediatamente renace o comienza un nuevo año en Capricornio. Los tres asesinos corresponden a los tres signos del otoño, que provocan la muerte del lucero del día. El nombre Abi Balah (asesino del padre), que lleva el más culpable, designa suficientemente a Sagitario, constelación que de hecho trae la muerte al sol, padre de todas las cosas (*rerum omnium pater*).

Con Jean Marie Ragon [60], este es el lugar para notar el efecto perpetuo de los significados equívocos de la mayoría de las palabras en las traducciones; citaremos, por ejemplo, las dos palabras matar y resucitar. Matar se traduce de la palabra latina *occider* e, de la que hicimos occidente, y esta palabra tan común no representa para nosotros ni asesinato, **ni asesinato, ni nada repugnante, porque Occidente, en estilo alegórico, es el "ser". , el tiempo, o el punto del mundo que mata, porque hace desaparecer el sol, y alternativamente todas las estrellas** ; asimismo, por una audaz metamorfosis, encontramos la palabra *resurgere* ,

---

[60]Jean Marie Ragon, *Curso filosófico e interpretativo de las iniciaciones antiguas y modernas* , nbp. 1, p.161: <tinyurl.com/Mort-d-hiram-cycle-solaire>.

traducida por la palabra resucitar, aunque este verbo latino nunca significó volver a la vida, sino resucitar por segunda vez, resucitar, lo cual conviene perfectamente al sol.

8 LA ÚLTIMA TENTACIÓN DE HIRAM

¡Pobres tontos! ¿Serás tan ingenuo como para creer que te estamos enseñando abiertamente el secreto más grande e importante? Os aseguro que quien quiera explicar según el sentido ordinario y literal de las palabras lo que escriben los filósofos herméticos se encontrará atrapado en las revueltas de un laberinto del que no podrá escapar.

Artephuis

En ese momento, cuando la luz del día acababa de adquirir el color blanco del mediodía, el hombre se encontraba en el silencio de la obra desierta. Los trabajadores, agotados por el calor y por tantos años de trabajo, habían regresado a los lugares sombreados. El templo fue terminado. Era flamante y el hombre, en soledad, se miraba como en un espejo, cara a cara con la obra realizada, erigida con el sudor y el conocimiento de sus constructores. Ya han pasado diez años desde que el hombre abandonó su país, el reino de Tiro, para venir aquí, en esta colina, a petición del rey Salomón, a levantar un santuario dedicado al Dios de los hebreos. El inusual silencio indicó la finalización de la obra. Finalmente se demarcó el espacio sagrado. El hombre avanzó lentamente y entró en el nártex por última vez. Entre las dos columnas, que había fundido en latón para dar testimonio de la hierogamia del cielo y de la tierra, se detuvo, se dio la vuelta, dejando atrás la plaza del Santo de los Santos, dominando la ciudad que un puro rayo de sol iluminaba. Jerusalén parecía pertenecer al cielo.

Su dolor por el exilio había desaparecido hacía mucho tiempo. Una paz indescriptible lo habitaba hoy. Al participar en la creación del templo, entró en comunión espiritual con el pueblo de Israel. La obra, al santificar un pensamiento y sus gestos, le permitió fusionarse con el universo y en esta reunificación cósmica encontrar la comunión con la luz. Este es uno de los mensajes que escribió en sus columnas. El hombre decidió, de repente, en su meditación regresar y preparar su regreso a Tiro. Un deseo de cerrar un círculo, de volver al punto inicial para recargarse para continuar.

- ¿Aún sería posible? ¿El comienzo está siempre en el mismo lugar? ¿ El tiempo y mi viaje son un círculo o una espiral? ¿ Me dejarán encontrar lo que dejé atrás?

Una prisa juvenil le empujó a acelerar el paso. Bajó hacia una de las salidas del recinto.

- Sí, me voy. Vuelvo. Lo que he completado aquí, lo reconstruiré en otro lugar. ¡Quizás en Saba donde se abren nuevos proyectos y allí también se revelará el mensaje recibido desde Egipto, aquí inscrito! A través de los constructores, la palabra debe correr la voz. ¡Vamos!

Con la energía renovada por sus planes, el hombre se dirigió hacia la salida más cercana, la Porte du Midi. Su rostro brillaba con la sabiduría que para algunos, en la mediana edad, refleja un pasado activo durante el cual se internalizan las experiencias. La sensualidad de sus rasgos demostraba su generosidad, su paso firme y vivaz, su determinación. Alta y esbelta, su figura atestiguaba una vida sana cuyos únicos excesos eran los del pensamiento. A pesar de sus años, una gran fuerza, que suponíamos inalterable, le daba esta belleza soberana, hecha de una delicada armonía donde se mezclan inteligencia, gentileza, espiritualidad y rectitud. La mirada del hombre imponía respeto: era la de un maestro, el Maestro Constructor del Templo y su nombre era Hiram Abi, que significa Hiram el padre. De repente apareció una sombra en el suelo.

- ¡Ciertamente es un trabajador, ya que solo ellos tienen acceso a este lugar! Pero ¿qué puede hacer en esta hora demasiado ardiente? ¿Por qué no descansa como los demás? Oculto del fuego solar entre los pliegues de su larga prenda de lana, un comp ø de la obra se colocó entre la salida sur y Hiram, como para negarle el acceso. En su mano la regla graduada. Hiram reconoció *a Séterkin* , el maçø también llamado *Phanor* , con cara de león.

- Que la paz esté contigo. Puedo ayudarte con algo ? ¿Estás buscando algo?

- Éramos un grupo unido de comp ø pero elegiste a un pequeño número de nosotros para distinguirlos. Sin embargo, todos estábamos trabajando juntos en el mismo trabajo. Hoy en día, sus cabezas están rodeadas por un particular tocado que los designa como nuestros amos. Sé que les diste una contraseña que les da acceso al poder de gobernar. No quiero esperar más para beneficiarme también de la marca de su superioridad. Dame esta contraseña para que yo también pueda usar privilegios.

- ¡Niño! Qué descaro, pensó Hiram divertido pero decepcionado por esta venganza. ¡Qué lástima! ¡ Un constructor! Quiere hacer como tantos otros, ahí fuera, fuera. Quiere dominar. Cedió a la tentación de la identidad con orgullo y importancia personal. Su impaciencia es un fracaso de la enseñanza que se le ha dado. El ardor a veces tiene razón pero se necesitan infinitas preparaciones, infinitas precauciones para llevar la vida de un hombre, la creación misma de la creación. Nadie puede acceder a conocimientos que ni siquiera sospecha. De lo contrario se degrada el camino de quienes se esfuerzan por avanzar en él. Su vanidad quiere apresurar el tiempo del despertar y su búsqueda se desvía. ¿No ha comprendido la indicación simbólica del gobierno que ejerce? Es una graduación de las doce horas del día. Una conciencia del tiempo. Pero sin la brújula ya no tiene ninguna adaptación a la medida, a lo razonablemente cognoscible. La regla sin brújula es la imaginación exaltada que persigue sus propios deseos hasta el infinito , fuera de toda realidad. Su aspiración al poder es una ambición castradora por la manifestación de las modalidades generosas del ser. Querer primar sobre los demás es negar el espíritu de fraternidad que se instaura en esta comunidad de constructores. Todavía cree en una jerarquía de poderes. Es sólo un grado de conocimiento. Son los deberes las verdaderas fuentes de los derechos. Es en la diferencia de deberes donde radica la distinción de grupos. Por otro lado…

Con amabilidad, Hiram intentó explicar al comp ø su imposibilidad, además, de comunicarle el mensaje del Maestro.
- Yo solo no puedo concederte este favor.
el compø , paralizado en su comprensión por su ambición.
- Tonto, no fue así como lo recibí, ni como debería preguntarse. Trabaja, persevera y serás recompensado.
Séterkin, el albañil, pierde los estribos y amenaza. El maestro permanece tranquilo pero inflexible. Luego la mano se levanta y golpea, apuntando a la garganta. Pero, desviada, la regla golpea a Hiram en el hombro derecho, en la clavícula, quien, bajo el shock de la sorpresa y la ola de esta violencia, se tambalea y apoya la rodilla derecha en el suelo.
- No quiero enfrentarlo con la fuerza. La fuerza no puede cambiar un estado de ánimo. ¡Dejemoslo!

Hiram se levanta y se aleja para evitar una pelea. Preocupado por este incidente, dolorido, se dirige hacia otra salida en la puerta occidental. Pero el compañero no estaba solo. Un cómplice esperaba delante de la segunda salida. Al comprender el fracaso de su compañero, inmediatamente aparece amenazador, congelado como una cabra lista para atacar:

- Debes darme la contraseña. Soy _ *Otefut* también llamó *a Amrón,* el carpintero. Eres un mal jefe. Ha creado jerarquías entre sus trabajadores. El salario de Mø Es más alto que el mío, los envidio. Tengo tanta educación como ellos y quiero recibir el mismo salario. Habla y pronuncia la palabra de los Maestros para que yo reciba mi salario en el salón del medio.

Hiram comprende que hay una conspiración. Sin embargo, una nueva preocupación no le desanima. Explica con firmeza al ver la palanca en la mano del hombre.

- Ya que tu nombre Amron significa hablar, revelar, debes saber que el habla sin acción no es nada. La disciplina que habéis concedido a la comunidad de carpinteros no se adapta ni a la estupidez satisfecha ni a la vanidad. Es absurdo que quienes pretenden trabajar con una escuadra se preocupen por el prestigio y los favores personales. Esto significa renunciar a la esencia misma de la solidaridad de los constructores. Esto es desobedecer la norma. Tu cuadratura te dice que sólo puedes construir sobre lo justo, impulsado por el espíritu de equidad. La palanca que tienes es tu voluntad, que prevalecerá si se basa en una dedicación absoluta a una causa elevada, noble y generosa. Eludir las reglas, ser el más inteligente, el más exigente, querer sin merecer mejores salarios, es condenar la virtud del orden establecido entre los distintos grupos de trabajadores. El secreto que pedís está en la paz interior, en una respuesta que os daréis a vosotros mismos y que pone cada cosa en su lugar y a cada hombre donde pueda sostener el edificio. La pasión, la ambición, la vanidad, la sinrazón os alejan de este camino en el que estabais comprometidos. Nadie puede recorrerlo por vosotros y la palabra del Maestro está más adelante en vuestro camino. Persevera, trabaja, busca y encontrarás.

Pero Otéfut no oye nada, con un gesto fanático golpea con la palanca que llega hasta la nuca del Maestro.

- ¡Una herramienta también!

El golpe es deslumbrante, doloroso.

- ¡Construye, destruye con el mismo objeto! La sublimación y la perversión se presentan del mismo modo. Tenía razón. Mis columnas no lo niegan. Pervertir el uso de la palanca elimina todos los frutos de la enseñanza. Este hombre ha vuelto a ser profano.

Hiram ahora busca escapar de lo que se acerca a él. Estos compø impacientes y exigentes se han convertido en los guardianes de una apertura cerrada para siempre. En la puerta oriental , última salida que evita arrastrar a sus atacantes hacia el *kodech kodechim,* el Lugar Santísimo, el Maestro se enfrenta a *Habirama* el menor, también llamado *Méthoushaël,* por su otro nombre *Hoben.* La forma de comp ø Es estridente como el de una serpiente. Hiram mide instintivamente todo el odio al hombre. Al ver el mazo que sostiene en la mano, sonríe a pesar del aumento de su dolor en los dos puntos de impacto de las herramientas.

- ¡El símbolo del Maestro! Ah si hubiera querido dirigir sus pensamientos hacia la inteligencia, la perseverancia, la conciencia moral, pero su nombre, el que mata al padre, me dice muy claro lo que sucederá.

Hiram no tiene dudas de que el hombre intentará alcanzarlo con la herramienta transformada en arma. No tiene miedo. Pero sabe que la muerte del espíritu que lee en los ojos de su atacante es su muerte:

- ¡Dame la palabra del Maestro! Ya no puedes escapar.

Y sin esperar, con su maza, Habirama golpea al Maestro en la frente con un golpe fatal. Así, el genio de las tinieblas, que está en cada ser, había despertado las pasiones para intentar arruinar la obra, provocando problemas entre los comp ø que ya iniciados en los primeros secretos del arte se veían víctimas de la injusticia y la parcialidad porque habían no ha sido reconocido como Maestro.

- No caer, no perder el equilibrio, seguir luchando por ser, rechazar la amenaza, no sentir más esta parálisis que me asfixia, que adormece mi conciencia. Quiero vivir íntegramente. Creé, protegí, amé. Todos mis gestos de vivir me abandonan. ¡Qué doloroso soy! Estoy tan solo . Bastaría ,con decirlo y alguien me ayudaría, me apoyaría, tal vez me trataría. Ah estos tormentos de traición donde todo se revierte y del dolor que ya no puedo controlar. Compañeros , ¿qué habéis hecho con vuestra enseñanza? No sabes lo que haces, te has convertido en una quimera con cabeza de león y de macho cabrío y cola de serpiente. Se me van las fuerzas, una palabra bastaría, mi vida por una palabra - - - Iod - Hé - Vav - Hé, Iod - Hé - Vav - Hé, 10, 5, 6, 5... Las letras se suceden y girar ante sus ojos.

- Contraseña, palabra maestra, palabra clave para abrir pero también para cerrar, para el paso de mi vida a la muerte. Todo el conocimiento de la doctrina esotérica está contenido en estas 4 letras. Nombrar es crear, pero pronunciar la palabra sola es no decir nada. Y , sin embargo, debo vivir. Soy custodio de una parte de la palabra que desaparecerá si cada uno de los custodios no transmite su parte de la clave . Esta palabra sólo está completa si unidos al Rey Salomón y al Rey de Tiro, pronunciamos juntos lo impronunciable, solos.

En aquella época, un rey era un iniciado en el plano superior que portaba una corona o tiara y que era capaz de enseñar siguiendo el camino iniciático, el camino real. El rey de Tiro era dueño de todos los materiales de madera y metal. *¡Hay fuerza en él!* El rey de Israel diseñó y transformó para la construcción del templo. *¡En él el fundamento!* Hiram, enviado desde Tiro al rey Salomón, al realizar la obra cierra el triángulo en una síntesis inseparable de *tener-actuar-ser* .

- Nadie sabe mi secreto. Como Maestro todavía tengo que enseñar a otro Maestro para que me reemplace y para que la cadena no se rompa. ¡ Debo vivir! Pero, ¿cómo puedes vivir sin decírselo a alguien que no puede entenderlo? Sólo conozco las letras en su forma, no el fonema. El tetragrámaton no se pronuncia. Ningún desafío que superar, ninguna determinación heroica. De cualquier manera, no pueden entender. Entonces, ¿por qué no ceder? Dímelo a mí mismo al menos una vez. Haz que cese el tormento. Reúne mis fuerzas y di que sobreviva.
Intentó respirar: *AUMMM* ....
- Oye, adelante, habla, dame la palabra, insistió el delincuente.

Hiram cierra los ojos.
- Decir y hacerles creer que la palabra es suficiente. No ! Es el mal en mi carne el que zozobra mis pensamientos. El mal debe ser silenciado . He dado testimonio del conocimiento con mi vida, mi trabajo y mi sabiduría. Mi muerte también debe dar testimonio. ¿ Debe preservarse el secreto a costa de la vida ? ¿El secreto vale la pena en sí mismo? ¿O más bien por la forma en que lo experimentamos? Mi muerte garantizará el secreto, aunque lo borre. Busqué la respuesta que pusiera fin a mi interrogatorio. Esta respuesta sólo se puede escuchar de mí. No es el del otro, es el que hago mío. Es mi fe. No la traicionaré dejando que este compañero crea en otra cosa. Yo soy , aunque él haya renunciado a serlo. Sin este desafío con lo insoportable, nunca habría conocido la esperanza que se debe tener. Mi vida era como un día ajetreado y ahora puedo estar cansado. La ley del hombre no es posesión, es expectativa. Decir esto no sólo sería traicionarme a mí mismo sino también traicionar la

enseñanza dada a mis asesinos. Estoy muriendo. Pero intenta, al menos una vez, pronunciar lo inefable solo. Intentar un sonido final integrando todas las partes en una unidad, quizás finalmente encontrada.

Una nube cubrió el sol. Mientras se desplomaba, Hiram murmuró una palabra que Habirama no escuchó. Ella se perdió en la muerte. Si hubiera pronunciado esta palabra de Mø o fuera su último aliento para decir " *vanidad de vanidades*" o " *botón de rosa* " o cualquier otra palabra de un sueño ahora imposible. Cuando Hiram murió, entró en la luz y se perdió el habla.

Al enterarse de la muerte de Hiram, Salomón se vio obligado a sustituir las palabras perdidas por una palabra sustituta: las primeras palabras pronunciadas por el MMø que descubrió el cuerpo del muerto sellaron una vez más el secreto de la maestría; Esto es lo que nos dicen los rituales masónicos.

¡Listo! "Inventa, inventa frenéticamente, sin preocuparte por las conexiones, hasta que ya no puedas hacer un resumen. Un simple juego de relevos, entre emblemas, uno que habla por el otro, sin pausa. Divida el mundo en una zarabanda de anagramas en cadena y luego crea en lo inexpresable [61]". ¿No es ésta la verdadera lectura de la Torá? Pero nos hacemos preguntas.

¿Cómo es que, sabiendo que la palabra sólo podía ser a través del encuentro de los 3 (el rey Salomón, el rey de Tiro e Hiram), cómo es que ninguno de ellos pensó en transmitir su propio conocimiento a un discípulo para que el ¿La cadena no se rompe si desapareces? ¿Era creerse inmortal?

Parece que la nueva palabra de la Maestra es compartida por más de tres Maestros. En el ritual del Antiguo Rito Escocés

---

[61] Umberto Eco, El péndulo de Foucault.

Aceptado , todos aquellos que presencian la elevación del cuerpo son testigos de la palabra secreta (el Gran Experto , los 3 Maestros que custodian el cadáver , el 2º ^{Guardián} , el ^{1º} Guardián eillant , 7 Maestros que delimitar la sala intermedia. ¡Esto significa que todos los Maestros tienen acceso a esta palabra! Por lo tanto, anteriormente había una jerarquía implícita debido al secreto. ¿Quien dirige el trabajo es más que un Maestro? Para nosotros, no hay nada por encima del Maestro.

Entonces, ¿qué podría significar que sólo tres tuvieran acceso al conocimiento secreto? Considerando que entre los hebreos, el sumo sacerdote, el *Cohen Gadol,* era el único poseedor de la pronunciación ortóptica y total de la palabra sagrada que vocalizaba una vez al año en el Lugar Santísimo, esto podría significar que la palabra no se perdió y que si Salomón lo reemplazó fue porque pensó que su Maestro Constructor había cedido ante la presión de sus atacantes.

Entonces, al pasar de un plano de análisis (el real) a otro (el simbólico) y al confundirlos en el razonamiento, terminamos diciendo casi todo lo que queremos e incluso su contrario. En cualquier caso, es este tipo de preguntas las que surgen al leer la leyenda de Hiram que hemos revisado. Hay varias tentaciones de Hiram evocadas por nuestro trabajo:

- El de regresar a su país para realizar un trabajo. Ella es deseo.

- El que sólo hemos tocado, pero no retenido, es el de hablar para ceder ante la amenaza de comp ø

- Finalmente, dos últimas tentaciones parecen interesantes: la de hablar para sobrevivir y salvar el secreto que está en una triangulación simbólica de los dos reyes de Israel y Tiro e Hiram que es la síntesis de los dualismos.

- La de pronunciar, él solo, la palabra prohibida. Quizás sea a la vez un pecado de orgullo, pero sobre todo una curiosidad metafísica por resonar a nivel cósmico con el nombre de lo Inefable.

Hiram, personaje mítico, encarna para la masonería un sincretismo de estos seres que deben morir para resucitar , para fundar una corriente de Tradición. Este Hiram no podría haber tenido la tentación última de pronunciar, solo, lo impronunciable. Esto fue sólo un artificio psicológico para cuestionarnos, porque Hiram, como iniciado, conoce la abominación que sería la comprensión literal de la ficción mítica. Todos los términos que designan el misterio, el espíritu, el ser, la sustancia, el Uno, la esencia, el alfa y la omega, son palabras objetivantes o personificantes. Sólo el misterio inmanente a la existencia, la organización armoniosa del universo y la emoción humana frente a ese aspecto misterioso del que participa todo lo que realmente existe (seres y cosas). El nombre "Dios", si no se usa mal, no significa absolutamente nada más que emoción ante lo inexplicable [62].

El creador y juez del monoteísmo (iod, hey, vav, hey) están unidos en un solo símbolo, cuyo significado es el misterio de la existencia, en el que se incluye el misterio de la vida humana. En consecuencia, el nombre "Dios" implica la responsabilidad de elegir entre el bien y el mal, como lo atestiguan las Tablas de la Ley Mosaica. Nombrar es traer a existir. latín _ *exsistere* , existir se entiende como "salir de, surgir de". Por tanto, la existencia se imagina como una salida a la armonía infinita. La expulsión, es decir la emanación a la que alude la raíz del término "existir", no es necesariamente una realidad, sino una imagen que se une a la imagen personificada de los mitos, del símbolo del

---

[62]Ver el capítulo *La palabra que no se puede pronunciar: el Tetragrama* del Folleto *Luminiscencia de palabras y silencios* de la Colección Vagabondages Masónicas.

creador. Para nosotros no es explicativo. Salomón dice: " la imagen se esfuerza por expresar lo inconmensurable. Jerusalén (cultura hebrea) será destruida, como toda cultura, cuando la abominación se instale en el Templo, cuando el nombre de Dios sea tomado por nombre vivo. La abominación sería utilizar el nombre sin hacer referencia a los misterios. ¿Qué vanidad podría ser mayor que la pretensión de una especulación metafísica que no sólo quisiera pronunciar el nombre de Dios, sino que, ignorando el significado simbólico, afirmaría al pronunciarlo la confusión entre el símbolo y el misterio llamado Dios?

Los centros de enseñanza iniciáticos llamados Misterios existentes en Egipto, en Grecia y entre todos los pueblos de alta cultura, tenían como objetivo despertar la emoción ante el misterio de la armonía universal, al que el hombre, para su bien esencial, debe incorporarse por vía de sí mismo. - armonización; de donde se desprende el sentimiento vivo de la ética inmanente, de la verdadera religiosidad. Hiram, un iniciado, sabe que esto no se puede decir, no porque esté prohibido , sino porque es imposible.

Hoy en día, la tentación de algunos masones es creer que saben pronunciar los nombres Libertad, Igualdad, Fraternidad, Tolerancia y contentarse con estos murmullos encantadores, pensando que esto basta para hacerlos existir.

9 HISTORIAS COMO LA DE HIRAM

El objetivo de las leyendas masónicas no es establecer hechos históricos sino transmitir doctrinas filosóficas.

El área geográfica de la Masonería es, a grandes rasgos, el mundo de la Biblia, o lo que todavía se llama "el mundo conocido por los Antiguos", en definitiva la cuenca mediterránea, con extensiones más o menos avanzadas, al norte, en el Continente europeo. Las tradiciones a las que la Masonería está "unida por múltiples vínculos" son, por tanto, entre las tradiciones vivas, el judaísmo, el cristianismo y el Islam, y, entre las tradiciones menos difundidas, las tradiciones egipcia, grecolatina y celta. Por lo tanto, es allí donde encontramos historias que hablan de la unidad e identidad fundamentales de tradiciones que no han dejado de plantear la cuestión de la violencia, el asesinato y la recuperación de los asesinados. Es a través del mito que se experimenta verdaderamente la experiencia de morir y volver a la vida, de estar al borde de la muerte y regresar .

La epopía de Hiram presentada a los masones, del 3er grado , plantea también la cuestión de la violencia, del asesinato y de la recuperación de los asesinados. Es por esto que te sugiero explorar algunos cuentos, leyendas y mitos que en su historia muestran claramente analogías con la de Hiram.

EL CUENTO (o fábula) es una narración que se transmite en el tiempo a través de la oralidad. Nació del progresivo olvido del carácter religioso del cuento.

El cuento aparece como el espejo del hombre, revelando sus defectos y sus odios, pero también dando a conocer la fuerza de sus ideales. Para Bruno Bettelheim "Éste es exactamente el mensaje que los cuentos de hadas, de mil maneras diferentes, transmiten al niño: que la lucha contra las graves dificultades de la vida es inevitable y una parte intrínseca de la existencia humana, pero que si, en lugar de avergonzarse, de distancia, afrontamos con firmeza las esperadas y a menudo injustas pruebas, superamos todos los obstáculos y acabamos logrando la victoria.

El cuento es un relato breve perteneciente al mundo de la poesía. Antes del siglo XIX, formaba parte del registro de lo maravilloso, luego del de lo fantástico.

Todo lo fabuloso o los escenarios terroríficos, hadas, magia, dragones, genios y duendes, constituyen estos cuentos que seducen la imaginación, sin preocuparse más de lo necesario, previendo un final feliz. El cuento nos traslada en ocasiones a tierras fabulosas donde el tiempo no existe.

El cuento de Alicia en el país de las maravillas

Escrito en 1865 por Charles Lutwidge Dodgson, bajo el nombre supuesto de Lewis Caroll (¿masón?), el cuento de *Alicia en el país de las maravillas* es un texto surrealista cuyo análisis puede apreciarse gracias a las ilustraciones del autor.

Este relato también puede interpretarse como una serie de acontecimientos relacionados con la iniciación masónica, que revelan el viaje interior del Iniciado. Una agradable sugerencia hermenéutica se puede ver como continuación del vídeo anterior.

El cuento de Blancanieves

Blancanieves parece iniciarse realizando los viajes simbolizados primero por la huida a través del bosque considerada como un descenso a los infiernos, luego por el trabajo, como el de limpieza, en la casa de los enanos, luego por la muerte a la que escapa gracias a la bondad del alma del cazador, finalmente por la resurrección en forma de despertar rodeado de animales en un clima tranquilizador arrullado por la luz y la tranquilidad.

Durante su encuentro con los siete (7) enanos, Blancanieves personifica el dominio del alma espiritual sobre las facultades del alma individual representada por ellos.

La heroína alcanza un nivel espiritual con su segunda muerte iniciática, durante el envenenamiento por la reina. La reina, que ahora aparece bajo la apariencia de bruja, encarna las posibilidades infernales del ser humano, adquiriendo luego una dimensión satánica para desaparecer, sin embargo, en la nada (cayendo al barranco, símbolo ilusorio de tales posibilidades) empujada por el enanos (símbolos de las facultades del alma humana capaces de destruir el mal).

Trabajando en las minas, los 7 enanos eran vistos a menudo como una representación alquímica de los 7 metales: siete metales (oro, plata, estaño, cobre, hierro, plomo, mercurio), plomo, estaño, hierro, mercurio, cobre, plata, oro.

Blancanieves habrá alcanzado, en primer lugar, la muerte del estado profano, mediante su huida al bosque y, en segundo lugar, la muerte de la individualidad al morder la manzana. Ella renacerá bajo el beso del divino jinete, iluminada por los rayos de la estrella de luz. En cuanto a los enanos, convertidos en símbolos de los poderes del alma, permanecen solos, en un mundo paralelo, fuera de su alcance.

La reina vanidosa, celosa y destructiva se ve obligada a ponerse zapatos de tacón enrojecidos por el fuego y bailar con ellos hasta morir.

El cuento dice simbólicamente que si nuestras pasiones no son frenadas y controladas, terminan por destruirnos.

Como muchos cuentos, Blancanieves muestra que cambiar es tener que renunciar a algo que antes disfrutabas, a costa de experiencias difíciles y dolorosas que no se pueden evitar.

LA LEYENDA , del latín *legenda,* es lo que hay que leer. Es este significado de la palabra leyenda el que corresponde a una explicación, a un comentario añadido a un dibujo, a un plano. Popularmente la palabra "leyenda" se ha convertido en un cuento tradicional donde se distorsiona y embellece la realidad,

A diferencia de los cuentos que tienen lugar en el mundo de la imaginación, las leyendas tienen un carácter verosímil y cuentan la historia de acontecimientos que tuvieron lugar o que podrían haber tenido lugar.

La leyenda contiene elementos de lo maravilloso y se basa en ciertos casos en hechos históricos que han sido transformados por creencias, o por la imaginación popular, o por la invención poética.

La forma de la leyenda es sencilla y su objeto esencial es el milagro.

Originalmente, la leyenda relataba la vida de los santos. Hoy en día, son relatos maravillosos de un hecho pasado basados en una tradición auténtica pero muchas veces modificada con el tiempo. A diferencia del mito, la leyenda no se basa en deidades.

Sólo encontramos dos fábulas en toda la Biblia : la de los árboles que eligen rey (Jueces 9:8.15) y la del espino y el cedro (2Re 14:9). Pero hay muchas leyendas contenidas en lo que se conoce como *Hagada.* "Esdras, sus discípulos y sus sucesores, llamados "Soferim" (hombres del Libro, comentaristas de la Ley), procedieron a reeducar al pueblo [los judíos que regresaban del exilio en Babilonia] mediante lecturas públicas del Biblia traducida al arameo y acompañada de explicaciones, comentarios y paráfrasis. Esta lectura de la ley se realizaba todas las semanas, los días festivos, los sábados y los días de mercado, para que "la gente del campo, yendo allí, pudiera beneficiarse de esta enseñanza. Al mismo tiempo que se explicaba, se pronunciaban sermones sobre el texto bíblico (homilías), y se ilustraba con anécdotas y parábolas, muchas de las cuales se han conservado [63].

La leyenda del maestro Jacques

La Compañía de Devoir (o Saint-Devoir de Dieu, como a veces se la llama) afirma haber sido creada por un personaje fabuloso llamado Maître Jacques.

En la antigua tradición de los Compañeros pasantes de la fraternidad conocidos como los "hijos del Maestro Jacques", y entre los actuales Compañeros pasantes de funciones, Jacques es un pirenaico originario de Carte. Hiram de Tiro, en nombre del rey Salomón, le encargó la construcción del Templo en Jerusalén alrededor del año 900 a.C. Es un ganso, un maestro cantero, iniciado en la naturaleza de la piedra y la leyenda cuenta que corta piedra desde los quince años. Esta misma leyenda señala al Maestro Jacques como responsable de la columna de Jachin y quizás también de la columna de Booz del primer Templo de Jerusalén. Para Perdiguier construyó dos columnas dodecágono, la columna Vedrera y la columna Macaloe. En estas columnas están talladas varias escenas del Antiguo Testamento : la caída de Adán y Eva, el sueño de David y episodios de la vida del propio Maestro James.

Algunas leyendas cuentan que, una vez terminado el Templo, Santiago abandonó Judea en compañía de otro maestro, Soubise, con quien pronto se enfrentó y del que se

---

[63]La formación del matrimonio en la ley bíblica y talmúdica: <tinyurl.com/Droit-biblique>.

separó. El barco que transportaba a Soubise atracó en Burdeos. Santiago desembarcó en Marsella con sus trece compañeros y sus cuarenta discípulos. Viajó durante tres años más, durante los cuales tuvo que defenderse de las emboscadas de los discípulos de Soubise quienes un día lo atacaron y lo arrojaron a un pantano; logró esconderse detrás de unos juncos. Sus discípulos vinieron y lo ayudaron. Finalmente Jacques se retiró a Provenza en la ermita de Sainte-Baume. La historia de su fin parece haber sido modelada sobre la historia de la Pasión de Cristo. Uno de sus discípulos, el infame Jerón (también llamado Nunca), lo traicionó. Una mañana, mientras oraba en un lugar apartado, Jerón se acercó a él, le dio el beso de la paz, era la señal acordada. Cinco asesinos se arrojaron sobre Maître Jacques y lo traspasaron con cinco puñaladas. Sin embargo, vivió unas horas más y pudo, antes de morir, despedirse de sus compañeros que habían llegado tarde. Al morir, dio el beso de la paz a sus hermanos y recomendó que se lo dieran a los futuros iniciados para que la tradición no se interrumpiera: "si son fieles a su Deber, los protegeré".

El maestro Jacques, asimilado a Osiris, fue simbólicamente cortado en pedazos, su sombrero fue para los sombrereros, su túnica para los sastres, su chaqueta para los carpinteros, su cinturón para los carpinteros, su bastón para los carreteros y sus sandalias para los cerrajeros. Lo que estaba disperso era lo que representaba: todos los oficios.

Allá Leyenda de Melquisedec

Enoc, después de visitar la creación y hablar con Dios, regresó con su familia para arreglar sus asuntos y transmitir los libros que escribió a su pueblo. Dios le dio 30 días antes de llamarlo de nuevo. Después de muchos consejos, preceptos y exhortaciones, una vez que Enoc se fue, fue Matusalén quien se convirtió en sacerdote y reemplazó a su padre Enoc. Cuando Matusalén murió (sí, sí,...), fue Nir quien se convirtió en sacerdote.

Este último tenía esposa, Sophonim. Ella, demasiado mayor para dar a luz, abandonada por el sacerdote de su marido desde que éste fue nombrado sacerdote por Dios, estaba sin embargo embarazada. Nir finalmente lo descubrió, intercambió unas palabras con su esposa, a quien acusó, por supuesto, de infidelidad. Ella le explicó que no sabía nada sobre su condición. Ella termina cayendo muerta a los pies de Nir. Nir, muy perturbado —lo podemos comprender— llamó a su hermano Noé. Se ofreció tranquilizadoramente a ayudar a Nir a cavar una tumba en secreto para su difunta esposa y, sobre todo, para su embarazo que estaba llegando a término. Los dos hombres acostaron a Sophonim en una cama, lo vistieron de negro y fueron a cavar una tumba.

Ahora, de vuelta en la habitación donde habían dejado el cuerpo de Sophonim, descubrieron a un niño pequeño. Éste, recién nacido, se sentaba, hablaba y alababa a Dios. Los dos hombres lavaron y vistieron al niño con ropas sacerdotales (sacerdote). Cambiaron a Sofonim para vestirla con ropas más hermosas y construyeron otra tumba más gloriosa para ella y para mí, anónimos. Finalmente, le pusieron al niño el nombre de Melquisedec. Y Noé dijo a su hermano: "Guarda al niño en secreto hasta el momento oportuno, porque los pueblos se han vuelto malvados en toda la tierra, y de alguna manera, cuando lo vean, lo matarán ".

Nir así se hizo cargo de Melquisedec. Ahora que el tiempo había pasado y la destrucción prometida por Dios era inevitable, Nir le pidió a Dios que salvara al niño de la masacre que se avecinaba. Dios , que en aquella época era mucho más hablador que hoy, le respondió :

" […] pero por el niño no te preocupes, Nir, porque yo, en poco tiempo, enviaré a mi archestratega Michael, y él tomará al niño y lo colocará en el jardín del Edén […] y él será mi sacerdote de sacerdotes, y lo santificaré, y lo transformaré en un gran pueblo que me santificará". Nir bendice a Dios – y la precisión sobre el nacimiento que da no carece de picante: "[…] porque tu palabra ha dado un sumo sacerdote en el vientre de Sophonim mi esposa. Porque no tengo descendencia y este niño será mi descendencia, será como mi hijo, y lo contaréis entre vuestros siervos [….] y Melquisedec será jefe de los sacerdotes en otra raza.

Cuarenta días después de este intercambio, el ángel Miguel fue enviado, como estaba previsto, a recuperar al niño. Al principio, Nir no lo reconoció y se negó a entregarlo por temor a que la "gente malvada" matara al niño [64].

La **leyenda de Renaud de Montauban**

La leyenda del maestro de obras Renaud de Montauban, constructor de la catedral de Colonia, está muy cerca del mito de Osiris. Traicionado y asesinado por los trabajadores, fue arrojado al río. Los peces se reunieron para sacar su cuerpo de las aguas, cuerpo iluminado por tres velas. Otra leyenda dice que fue una mujer, en alusión a Osiris, quien descubrió el cuerpo. En el *Libro tercero* , Rabelais evoca la leyenda de Renaud de Montauban que supuestamente mató a un sobrino de Carlomagno. Una famosa miniatura, construida como un tablero de ajedrez, muestra "cómo Renaut engañó a Berthoulet, el sobrino de Carlomagno, jugando al ajedrez". Luego se habría refugiado en las obras de la futura catedral de Estrasburgo. Se habría comportado como un excelente trabajador pero, víctima de los celos de sus compañeros, habría sido asesinado. Este tema será retomado en la Masonería del siglo [XVIII] con la alusión al asesinato de Hiram, el arquitecto principal de Salomón.

---

[64] Resumen escrito por La Masone del texto del *Libro de los Secretos de Enoc, Nacimiento Milagroso de Melquisedec* , página 21: <tinyurl.com/Secrets-d-Henoch>.

La leyenda de Edipo

El parricidio, a diferencia del fratricidio, deja espacio para la desaparición de una jerarquía global. Esta jerarquía o autoridad es una representación insuficiente de lo divino. Hiram es un artifex, así como Hiram de Tiro es Rex y Salomón es Rex-Pontifex.

En la mitología griega, Edipo era hijo de Laio y Yocasta. Para escapar de la predicción de Apolo de que su propio hijo lo mataría, Layo ordenó a un sirviente que abandonara al niño en el monte Citerón, con ambos pies clavados, para que lo devoraran las fieras. Pero, en cambio, el siervo lo confió a un pastor que luego se lo entregó al rey corintio Polibio y a su esposa Mérope, sin descendencia. Lo llamaron Edipo (*Oidipous* significa pies hinchados) y lo criaron como su hijo. Edipo crece y los rumores sugieren que no es hijo de sus padres. Insta a Mérope a que le diga la verdad, pero las respuestas de ésta son enigmáticas. Luego consulta a la Pitia de Delfos (su viaje a Delfos, que emprendió solo, tenía como objetivo permitirle escuchar el oráculo de Apolo, dios de la Luz y de la Verdad); quien predijo, sin revelar el secreto de su origen, que Matará a su padre y se casará con su madre.

Luego, su viaje lo llevó cerca del monte Cithaeron, donde había estado expuesto a la muerte cuando era niño. Este lugar dañino representa en realidad la recreación de lo que había sucedido años antes, en este preciso lugar, en circunstancias que quedaron grabadas en su memoria de manera imborrable . Al recordar la fatal maldición de la profetisa, Edipo escucha la sentencia de muerte pronunciada por su padre. Edipo se sintió mareado, lo que confirma la aparición de un trauma temprano. Al salir del templo revivió la disociación de emociones generada por el brutal acto, por lo que le pareció que su corazón se estaba petrificando. En la encrucijada, un anciano arrogante y vengativo que se encuentra frente a Edipo no es otro que

Layo, su verdugo, rodeado de sus secuaces. El hijo es ahora un guerrero impulsado por la energía de su ira reprimida durante mucho tiempo. Podrá revivir la violencia extrema que le infligieron estos mismos protagonistas y resolver finalmente el origen mismo de su neurosis. Cuando su padre levanta la mano, escapa de la muerte noqueándolo y matando a sus guardaespaldas. Su arrebato fatal revela, de hecho, la crueldad brutal del orden patriarcal encarnado por el padre.

Al igual que Freud, que pensó en Edipo a partir del de Sófocles, el psiquiatra japonés Kosawa abordó el complejo de Ajase a partir de un mito extraído de un relato del monje budista Shinran que vivió en el siglo XII. Allí encontramos la ambivalencia, el asesinato, el destino y una noción conocida como "rencores prenatales".

Utilizando este tipo de motivo alegado en estas leyendas, ¿los malos compañeros que matan al patrón no serían trabajadores oprimidos por un mal jefe que rechazó cualquier aumento de salario? ¿No serían rebeldes contra un orden pesado, injusto y cerrado? ¿No son los ritos de reestructuración y de purificación el resultado de un sentimiento de culpa o incluso de una psicosis obsesiva?

La leyenda de los Cuatro Coronados

Estos santos eran cuatro hermanos cuyos nombres se desconocían desde hacía mucho tiempo. Fueron llamados los *Cuatro Coronados* porque recibieron la palma del martirio y fueron coronados en el Cielo en el año 304. Su apología se encuentra, entre otras cosas, en el *Manuscrito Régius* de 1390 (en el punto decimoquinto) [65].

Se les confunde a menudo con los santos Claudio, Nicostrato, Sinforiano y Castorio (y Simplice a quien convirtieron), que fueron los maravillosos escultores de

---

[65] < tinyurl.com/Manuscrit-Regius >.

Roma y que fueron condenados, por Diocleciano, a la tortura por haberse negado a esculpir la imagen del dios Esculapio. considerando que era un ídolo. Los ataúdes de plomo, donde permanecieron encerrados en vida, fueron encontrados por un tal Nicomedes que enterró sus restos en su casa. Dos años más tarde, después de haber construido un templo dedicado al culto de Esculapio, Diocleciano ordenó a sus legionarios que rindieran homenaje al dios de la medicina. Cuatro soldados, también convertidos al cristianismo, se niegan a participar en los sacrificios. Son arrestados y asesinados a golpes . _ Sus nombres sólo se conocerían más tarde: Second, S é v é rien, Carpophore y Victorien. Mientras tanto, escultores y soldados habrán sido registrados ante el martirólogo cristiano con el nombre de Los Cuatro Coronados (Guy Chassagnard).

A raíz de esta confusión, los primeros se convirtieron en mecenas de constructores y estatuarios y, en general, de albañiles, escultores, canteros. Sus atributos suelen figurar como un mazo, una escuadra, una regla o incluso una corona en la cabeza, como vemos entre las iluminaciones del *Breviario de Isabel de Castilla.* [66]En toda Europa las actividades de arquitectos, canteros y albañiles estaban bajo la protección de los cuatro santos coronados.

Así describe la *Legenda Aurea* ([siglo] XIII) de Jacopo da Varagine la historia hagiográfica de los Cuatro Coronados: "Los cuatro coronados eran Severo, Severino, Carpóforo y Victorino quienes, por orden de Diocleciano, fueron azotados con 'azotes de plomo hasta que murieron. Al principio se desconocían sus nombres, pero mucho tiempo después Dios los reveló. Por lo tanto, se decidió que su memoria sería honrada bajo los nombres de otros cinco

---

[66] *Breviario de Isabel de Castilla* , 1490, pf484v: <tinyurl.com/breviaire-Isabelle-de-Castille>.

mártires, Claudio, Castorio, Sinforiano, Nicóstrato y Simpliciano, que sufrieron dos años después de ellos.

Ahora bien, estos últimos mártires eran hábiles escultores que, habiendo rechazado a Diocleciano esculpir un ídolo y sacrificar a los dioses, fueron puestos vivos, por orden de este emperador, en cajas de plomo y arrojados al mar alrededor del año del Señor 287. .El Papa Melquíades ordenó honrar bajo el nombre de estos cinco mártires a los cuatro anteriores a quienes llamó los cuatro coronados, antes de que se descubrieran sus nombres; y el uso siempre prevaleció, incluso cuando sabíamos cómo se llamaban realmente".

Sólo Francia no ha adoptado este patrocinio para los oficios de la construcción, habiendo elegido a Santo Tomás como patrón.

La primera Logia Masónica que dedicó su trabajo a la investigación masónica lleva el nombre de *Logia Cuarteto Coronati* n°2076 ; Fue fundada en 1884, bajo los auspicios de la Gran Logia Unida de Inglaterra.

EL MITO proviene del griego muthos, cuento, fábula o palabra. Es un relato anónimo y colectivo que cumple una función socioreligiosa. En la mayoría de los casos sirve como elemento de cohesión entre los individuos de un grupo. El mito presenta personajes que suelen ser sobrehumanos y que tienen poderes sobrenaturales pero con comportamiento y sentimientos humanos. El mito es una palabra, una fábula que hace referencia a acontecimientos antiguos llenos de significado. En las sociedades primitivas, sirve como explicación del mundo, informando cómo comenzaron las cosas y por qué las personas están donde están hoy. Se considera absolutamente cierto y se recita en circunstancias muy concretas, lo que lo distingue de las fábulas, los cuentos y todas las historias inventadas. En su composición suele ser muy breve y perfectamente dispuesto. Cada detalle está cargado de un intenso significado.

Las sociedades industriales han relegado los mitos al dominio de la poesía y la imaginación. Sin embargo, siguen siendo la expresión de una cultura, expresan las aspiraciones profundas del inconsciente humano y representan situaciones eternas. El pensamiento científico no ha logrado hacer desaparecer los mitos a pesar de la tensión entre las promesas de significado del potencial metafísico de los mitos (mutos) y la exigencia de su validación en un discurso racional y coherente (logos).

Distinguimos entre mitos que hablan del nacimiento de los dioses (teogonía), aquellos que explican el origen del mundo (cosmogonía), aquellos que exploran el destino del hombre después de la muerte (escatología) y otros, como los mitos del nacimiento y el renacimiento (eterno retorno), los mitos del héroe civilizador o cultural (Prometeo) o los mitos de fundación (fundación de Roma por Rómulo y Remo). Las tres primeras categorías tienen estrechas relaciones con las religiones; muchos ritos religiosos, de hecho, reproducen ciertos aspectos o ciertos detalles de los mitos. Los mitos que no entran en las categorías anteriores son objeto de relatos folclóricos, de elaboradas canciones poéticas, que se encuentran entre los más diversos pueblos, como los transmitidos por los bardos en la antigua Grecia o los que siguen transmitiendo los griots africanos en la actualidad. .

Mitos y leyendas nos han sido transmitidos en los escritos de varios autores antiguos que permanecen con nosotros. Homero y su *Ilíada y Odisea*, Hesíodo en su *Teogonía*, Ovidio en sus *Metamorfosis* ...

En sociedades donde los mitos todavía están vivos, los nativos distinguen cuidadosamente : los mitos "historias reales" de las fábulas o cuentos "historias falsas". Los Antiguos consideraban como historias verdaderas todas aquellas que se relacionan con los orígenes del mundo, es decir todas aquellas que tratan de lo sagrado o lo sobrenatural. En cambio, en las historias falsas el tema es profano. Ésta es la razón por la que los mitos no se pueden contar con indiferencia. En determinadas tradiciones sólo se pueden decir delante de los iniciados. Generalmente, los antiguos instructores comunican los mitos a los neófitos durante su período de aislamiento, siendo esto parte de su iniciación.

El mito de Osiris

Una de las narraciones más completas del mito de Osiris es la de Plutarco, en su *De Iside et Osiride,* del que tenía, no sabemos cómo, un conocimiento más completo que cualquier fuente egipcia, incluida la de los *Textos de las Pirámides.* Otras posibles fuentes son: el *Libro de los Muertos* , los textos de una estela encontrada en el Louvre, otros textos diversos del antiguo Egipto, las investigaciones de especialistas en el antiguo Egipto.

Al regresar victorioso de una larga campaña de conquistas, Seth aprovecha las celebraciones organizadas con esta ocasión para invitar a su hermano Osiris a un banquete. Por la noche, lo desafía a acostarse en un gran arcón. Cuando éste yacía allí, Set lo encerró y arrojó el cofre al Nilo.

Isis, la hermana-esposa de Osiris, va en busca de su alma para devolverle la vida. Isis se rasga la ropa y viaja por el mundo en busca del cofre en el que ha sido encerrado "el Benevolente". Sin embargo, cuando regrese, no traerá de vuelta a Osiris porque quienes bajan a estos lugares no pueden regresar y es sólo el amor de Isis, símbolo de regeneración y vida eterna, el que permitirá encontrar el cuerpo. Durante el viaje de Isis al inframundo, el cofre que contenía el cuerpo, arrastrado por el mar, llegó hasta las costas de Fenicia, donde fue arrastrado a los pies de una acacia o un tamarisco, según la versión. La búsqueda duró tanto que el tronco de la acacia cubrió la caja que contenía el cuerpo de Osiris.

El rey de Biblos, ocupado en la construcción de su nuevo palacio, hizo talar el árbol para convertirlo en una de las dos columnas que decorarían la entrada. Isis se entera del olor que salía del baúl mientras lo cortaban. Ella comprende inmediatamente su significado y se dirige a Fenicia donde le entregan la columna prodigiosa. Abre la columna de madera y saca el ataúd de su marido, que riega con sus lágrimas. Ella lo lleva de regreso a Egipto y lo esconde en lo profundo de los pantanos para que Seth no sepa que han encontrado el cuerpo. Pero durante una cacería, este último descubre el cofre. Furioso porque Osiris sigue intacto a pesar del paso del tiempo, decide cortar el cadáver en catorce pedazos que esparce por todo el país. El número de piezas del cuerpo de Osiris varía según las fuentes, de catorce a cuarenta y dos. Ambas versiones del Papiro de Jumilhac mencionan catorce piezas recolectadas por Isis en doce días, lo que corresponde a la duración de la fiesta de la arada. Según Diodoro Sicilia, Tifón (otro nombre de Seth, hermano de Osiris, principio del mal, la oscuridad y la esterilidad) cortó el cuerpo de su víctima en veintiséis pedazos, uno para cada conspirador. A cada uno se le dio una apariencia momiforme antes de ser enterrado. Por último, la geografía sagrada de Edfu menciona tantas piezas como nomos (distritos administrativos del Antiguo Egipto), o cuarenta y dos. El cuerpo desmembrado de Osiris, cuyo diluvio restablece la unidad, se fusiona así con la tierra de Egipto. Aquí, las catorce piezas representan las que se van alejando de la luna, en fase menguante, hasta su total desaparición. La búsqueda de Isis y la reconstitución del cuerpo ilustran, por el contrario, la fase ascendente, hasta la reaparición de la luna llena, reconstituida, el ojo oudjat.

Isis empieza a buscar las piezas. Los encuentra todos excepto el pene, devorado por un oxirinco (o un lucio del

Nilo). Ayudada por Anubis, Thoth y Neftis, recompone el cuerpo desmantelado en doce partes y lo momifica. Resucitado gracias a estas prácticas y ahora a salvo de la muerte, Osiris se retira al inframundo y luego deja el trono del mundo visible a su hijo Horus, que se convertirá en el modelo de los reyes venideros.

Es el $^{día\,17}$ del mes de Athyr cuando la mitología egipcia sitúa la muerte de Osiris: este es el momento en el que la luna llena es especialmente visible. Por eso los pitagóricos llaman a este día "interposición", y sienten total repugnancia por el número 17. En efecto, entre el cuadrado dieciséis (4×4) y el rectángulo dieciocho (6×3), que son los únicos números de superficies planas cuyos perímetros son iguales a sus áreas, se encuentra el número diecisiete que separa estos dos números, se interpone entre ellos. y divide su proporción en dos partes desiguales.

Así, sacado de su ganga de acacia, desmembrado y recompuesto, con la ayuda de otras tres deidades, Osiris será resucitado y momificado (el papiro del *Libro de los muertos* de Ani, descubierto en Tebas en 1887 por Wallis Budge incluye una invocación muy especial: *Homenaje a ti, oh señor de Acacia). Sólo al final de esta reestructuración y de esta preparación para la eternidad Osiris podrá reanudar su viaje. Sus huesos son de plata, su carne de oro, su cabello de lapislázuli* .

Platón, Tales, Eudoxo, Apolonio y Pitágoras habían traído de Egipto este principio, verdadero o falso, de que en la economía del universo la vida surge del seno de la muerte; este principio fue presentado bajo la alegoría de Osiris expirando para renacer bajo el nombre de Horus.

el tercer ^{grado} era llamado "la puerta de la muerte". El ataúd de Osiris, cuyo asesinato se suponía reciente, se encontraba en el centro del lugar donde tuvo lugar la ceremonia. Se preguntó al aspirante si había participado en el asesinato de Osiris. Lo golpearon, o fingieron haberlo golpeado, en la cabeza con un hacha, lo derribaron, lo cubrieron con tiras de momia, destellaron relámpagos, el supuesto muerto fue rodeado por fuego y luego resucitado [67].

Asimilado a Dioniso, Osiris ilustró la teología neoórfica: la cosmogonía concebida como autosacrificio de la divinidad, como dispersión del Uno en lo Múltiple, seguida de la "resurrección", es decir, de la reunión de lo Múltiple en la Unidad primordial: así evoca G. Mackey el acercamiento de los Misterios de Osiris a los de la Masonería [68].

Osiris fue muy temprano comparado con el grano de trigo enterrado (moribundo), que germinaba y reaparecía a la luz del sol, listo para ser el alimento esencial de los hombres. Muchas ilustraciones representan a la momia del dios cubierta de granos de trigo, o tallos tiernos de trigo que emanan de su cuerpo alargado. Por ser imagen de los ciclos de la naturaleza, en la piedra se excavaron formas de Osiris que se llenaron de tierra y en las que se esparcieron granos de trigo para que creciera en el secreto de la tumba. Así, enterrado al mismo tiempo que el difunto, el trigo, símbolo vital de Osiris, era para el difunto la certeza de su futuro renacimiento, la seguridad de la continuidad de su vida y luego de su luminosa resurrección. Por eso, en el papiro funerario de Nu, Osiris declara: "Yo soy el Señor de los hombres que resucitará de entre los muertos". Es una imagen tan simbólica que Cristo utilizará cuando se compare con el grano de trigo que debe morir para renacer y producir nuevos granos al ciento por uno. Algunos gnósticos utilizaron esta palabra para afirmar que Cristo había seguido todo el viaje iniciático osiriano para convertirse a su vez en un Osiris espiritual, un ser de Luz.

---

[67] J.M. Ragón, *Ortodoxia masónica* , 1853, p. 101: <tinyurl.com/Orthodxie-Maconnique

[68] Vídeo, Mackey: <tinyurl.com/symbolisme-de-la-FM>.

El iniciado del tercer ^grado^ de los misterios de Isis fue conducido primero a un vestíbulo sobre cuya entrada estaba escrito "puerta de la muerte". En las paredes estaban representadas momias y ataúdes. Pronto encontró un cadáver. En medio del vestíbulo estaba colocado el ataúd de Osiris, que, a causa de su presunto asesinato, estaba manchado de sangre. Se preguntó al aspirante si había participado en este asesinato; después de esta prueba preparatoria, pasó a una habitación, donde todos los iniciados estaban vestidos de negro; se le presentó una corona que pisoteó bajo sus pies, y la cabeza del La iniciación gritó "¡insulto, venganza!", e inmediatamente agarró el hacha de sacrificio y golpeó suavemente al candidato en la cabeza. Al instante dos iniciados lo derribaron y lo envolvieron en vendas; todos los que lo rodeaban estaban entristecidos; fue presentado en este estado de muerte aparente ante un tribunal que declaró que no había participado en el asesinato de Osiris, y se le dio la libertad. ;...; la señal de reconocimiento consistió en un abrazo especial [69].

Alexandre Lenoir con la *Explicación de un papiro egipcio* Completa la conexión que hacemos entre los asesinatos de Osiris e Hiram [70].

En alquimia, en el ^siglo XVII^, el mito de Osiris fue retomado por Michael Maier en su *Fugitivo Atalante* que lo convirtió en una fuga, un grabado y un poema sobre los temas de la transformación, la regeneración y el renacimiento [71].

---

[69]Doctor Pierre Gérard Vassal , Curso Completo de Masonería o Historia General de la Iniciación desde su origen hasta su institución en Francia, 1832, p.244 y 245: <tinyurl.com/Cours-de-Franc-maonnerie>.

[70]Alexandre Lenoir: <tinyurl.com/Osiris-et-Hiram>.

[71] Patrick Burensteinas, etapa 2, *El viaje alquímico, Chartres* , vídeo de 20'): <tinyurl.com/Burensteinas-Chartres>.

En Grecia, el homólogo de Osiris es Dioniso-Zagreus. Nacido de una unión ilegítima de Zeus, el niño Dioniso incurre en el odio de Hera, quien lo hace asesinar y despedazar por los Titanes; pero otra divinidad, Apolo o Atenea, reúne los miembros torturados, y el joven dios vuelve a la vida; la biografía de Atis, consorte de Cibeles, incluye también la castración, la muerte y el renacimiento. Nunca dejaríamos de enumerar los dioses cuya historia se ajusta a este itinerario, en el que también encaja la de Hiram. La implementación del mito de Hiram Abif, en los ritos egipcios de la masonería, es una operación de magia operativa destinada a hacer que todos los maestros masones revivan lo que los sacerdotes iniciados egipcios ritualizaron en la gran pirámide para transferir el espíritu del faraón fallecido. (Osiris) al nuevo faraón designado para convertirlo en un nuevo Horus.

La primitiva religión egipcia, probablemente de origen atlante, se volvió dualista cuando enfrentó al dios bueno Osiris (Oussir) con su hermano malo Seth (Oussit), supuestamente ambos hijos de Ptah, el dios supremo. Pero estos dioses mismos tuvieron un nacimiento. Del Océano primordial Noum o Sustantivo nació Atum o Aten, el Dios Sol, de quien nació a su vez una primera pareja divina, Chou y Tefnut. Fueron lágrimas de alegría las que Atum derramó durante esta paternidad de que nacerían hombres. Chou y Tefnut dieron a luz a Ghêb, la Tierra, y a Nut, el Cielo, que dio origen a Isis, Osiris y Neftis. El nacimiento de Osiris también había tenido lugar en Amentêt (o Amenti), la residencia de los bienaventurados, situada en Occidente (sin duda es la Atlántida), donde Nut, aún virgen, había sido fecundada por el Espíritu, habiendo tomado este último la forma de un ibis. Sólo más tarde, bajo la influencia de los invasores semítas, que reverenciaban notablemente a Seth, el tercer hijo de Adán y Eva, los egipcios agregaron a Seth a los hijos que Nut habría engendrado. Y es después de la salida de estos invasores de Egipto que Seth (Tifón) se convertirá en el espíritu del mal, el hermano malvado de Osiris como se cuenta en el mito de Osiris.

Como la religión de Osiris era un culto misterioso, había que iniciarse en ella. Probablemente fueron Abraham y Melkitsedec, y también Moisés, quienes transmitieron esta iniciación a Josué. Habría, por tanto, una tradición gnóstica entre los hebreos, que se transmitiría en paralelo a la doctrina oficial monolaster, una tradición en la que Osiris se convierte en Adán, del que Set no es, sin embargo, el mal hermano, sino por el contrario un hijo, destinado. para reemplazar a Abel, asesinado por Caín el réprobo. Un des éléments essentiels de la doctrine ésotérique osirienne est le principe des émanations: il n'y a qu'un seul Dieu, lumineux et parfait, mais il peut faire émaner de Lui des êtres qui participent de Lui tout en ayant une personnalité distincte de la suya. De ahí el aparente politeísmo de la religión egipcia. De ahí también los eones y ángeles de muchas doctrinas gnósticas, e incluso la Trinidad cristiana, que sería una variante de la trinidad egipcia y de la Trimurti hindú. Contra los excesos de esta concepción y sus consecuencias reaccionó el faraón Amenhotep IV, que cambió su nombre por el de Akehnaton y quiso restablecer un monoteísmo más refinado. Pero, después de su muerte, el politeísmo oficial volverá a imponerse, y por eso algunos suponen que Moisés sacará de Egipto a casi todos los hebreos, seguido también por algunos egipcios iniciados e incluso por algunos extranjeros. La religión osiriana, que evolucionó en Egipto, dio origen, en la época helenística, a la doctrina hermética, que lleva el nombre de Hermes, el dios griego al que sería asimilado Thoth, el antiguo legislador egipcio.

Al visitar sus tumbas en forma de Osiris, los egipcios mostraban que habían encontrado su Yo Superior en su interior, lo que hoy llamaríamos su "Conciencia de Buda" o "Conciencia de Cristo".

El mito de Dioniso

Dioniso es el único dios griego nacido de una madre mortal. De Homero y Hesíodo se le presenta como hijo de Zeus y Sémele, hija del rey de Tebas Cadmo y Armonía. Sémele, empujada por Hera, celosa, disfrazada de nodriza, pide contemplar a Zeus, de quien está embarazada, en toda su majestad. Zeus, habiendo prometido, debe presentarse con su rayo que mata a Sémele en el acto. Luego, Zeus saca a su hijo del vientre de su madre y, cortándole el muslo, lo cose allí para llevar a término su gestación. De ahí la expresión "nacer del muslo de Júpiter", ya que el muslo es una designación eufemística de los órganos sexuales, por lo que se podría considerar que Dioniso procede directamente del esperma de Zeus.

En otra versión, la versión órfica del mito, Dioniso-Zagreus es hijo de Perséfone y Zeus. Hera, celosa, pide a los titanes (Cronos, Océano, Jápeto, etc.) que se deshagan del recién nacido. Los gigantes atraen al niño Dioniso-Zagreus con juguetes (que seguirán siendo místicos: la peonza, la nariz redondeada, los nudillos y el espejo), lo masacran y lo cortan en pedazos que cocinan en un caldero y consumen. Atenea, sin embargo, recoge su corazón en un cofre y se lo da a Zeus, mediante el cual éste deja embarazada a Sémele. Entonces Dioniso resucita. Es a esta segunda tradición, donde es hijo de Zeus y Perséfone, a la que se vincula el mito del desmembramiento de Dioniso.

Para una narración más específica sobre *los Misterios de Dioniso – La búsqueda del éxtasis místico* , mire a Ludovic Richer contarnos al respecto [72].

---

[72]Vídeo Ludovic Richer: <tinyurl.com/culte-Dionysos>.

A diferencia de Osiris que resucita en la tierra de los muertos, del inconsciente , Dioniso muere la primera vez , también desmembrado , en este caso por los titanes poco después de su nacimiento , pero renace en la tierra de Grecia entre los vivos. Continúe con el texto de Marie-Laure Colonna *Dionysos o el tiempo recobrado* [73].

Las Dionisias eran fiestas que marcaban los equinoccios. Los cultos misteriosos no eran ceremonias bacanales.

Cualquiera que sea la versión, Dioniso experimenta dos nacimientos, lo que explica uno de sus epítetos "el nacido dos veces".

Existe una tradición que dice que la tragedia griega, en su forma más antigua, no tenía otro objeto que los sufrimientos de Dioniso. Para Nietzsche, en su libro *El nacimiento de la tragedia,* el arte es al mismo tiempo lo que hace soportable el horror de volverse: " *Sólo él es capaz de transformar este disgusto por el horror y el absurdo de la existencia en representaciones capaces de hacer vida". posible* ."

Por su muerte y resurrección, su culto rendido con pan y vino, Dioniso, sería un antecedente pagano de la historia de Jesús [74].

El mito del eterno retorno

Según Mircea Eliade, historiador de las religiones, el universo está sujeto a la ley de los comienzos eternos. La historia mundial se desarrolla cíclicamente. Los astrónomos babilónicos habían descubierto que las revoluciones de los

---

[73] < academia.edu/63000368 >.

[74] G. Mackey exploró los Misterios en su obra *El simbolismo de la masonería* o escuche (en inglés) <tinyurl.com/Dionysos-et-Jesus>. Para una interpretación del *cuerpo fragmentado de Dioniso* de Frédérique Ildefonse: <tinyurl.com/corps-morcele>.

planetas, las revoluciones anuales del Sol y de la Luna, son subconjuntos de un mismo período común, el gran año, al final del cual el Sol, la Luna y los planetas recuperan su posición inicial relativa. a las estrellas fijas. Concluyeron que la vida del universo pasa por las mismas fases eternamente.

La noción de ciclo impregnará entonces numerosos mitos inspirados en la astronomía y el movimiento de las estrellas. La distinción entre pasado y futuro se borra para dar paso a una visión más global del tiempo, una visión del eterno retorno anticipado por estos pueblos antiguos y contemporáneos.

En todas las sociedades existe una concepción del fin y el comienzo de un período temporal, basada en los ritmos biológicos y la regeneración de la vida. El hombre necesita establecer puntos de referencia en el transcurso del tiempo. Así, cada nuevo año es una reanudación del tiempo desde su comienzo, reproduciendo la creación del mundo, el retorno a la unidad primordial, el paso del caos al orden. El pasado deja de ser irreparable, lo que ha sido puede revivir y el mundo puede volver a encantarse. Este concepto está presente en el antiguo Egipto, en los ritos misteriosos de los antiguos griegos, en la India y el Lejano Oriente, en las tradiciones celtas y en la América precolombina.

La idea general del tiempo cíclico probablemente apareció por primera vez en el pensamiento hindú. Samsara, el flujo, designa la transmigración de las almas, el ciclo de renacimientos, cuya principal fuerza impulsora es el karma. Los hombres están entonces destinados a renacer perpetuamente hasta alcanzar el despertar, la iluminación. En esta concepción de la vida, la muerte es sólo un simple paso de una existencia a otra.

La doctrina de la transmigración de las almas estaba estrechamente asociada con los órficos y con los seguidores del filósofo y matemático Pitágoras. Según sus enseñanzas, el alma, apenas abandona el cuerpo, se encuentra prisionera en otro cuerpo. Está condenada a reencarnar constantemente a causa de una mancha primitiva. El ciclo de reencarnaciones es interminable para quienes no están iniciados.

En el antiguo Egipto, el mito del eterno retorno es el del disco solar, las crecidas del Nilo, los días y las estaciones. Incluso más allá de la muerte, encontramos este mito, porque hay una unidad cósmica; la ley de Thoth relatada por los textos de los sarcófagos comienza así: "Todo es ciclo. Empiezo a vivir de nuevo después de mi muerte. He resucitado después de la muerte".

Incluso hoy en día continúan en Europa numerosos ritos agrarios que imitan este renacimiento. Toda la doctrina está presente en *Así habló Zaratustra de Nietzsche* : "Todas las cosas regresan eternamente, y nosotros con ellas. Todo se va, todo vuelve; la rueda del ser gira eternamente. Todo muere y todo vuelve a florecer, el año del ser se desarrolla eternamente".

La cuestión filosófica y metafísica que surge detrás de ella es, por un lado, la del tiempo cíclico, indefinido, impensable en su fin y por tanto estructurado en una circularidad que va de una creación a un caos último, donde todo se refunde y se refunde. representado por un círculo, en cambio, el de una teología, de una finalidad terminal, representado por una progresión lineal. La entrada en un tiempo historizado se inaugura primero con la transgresión de Adán y Eva, luego con la salida de Egipto. Al mismo tiempo, la representación del tiempo cósmico se mantiene gracias a la importancia otorgada a los ciclos del calendario y a los rituales (shabbat, barbecho, jubileo). Es con la Biblia que nace la idea de un tiempo que se desarrolla desde un principio y que avanza hacia un final. La teología cristiana, desde los primeros concilios, intentó promover una linealidad que oponía a las representaciones cíclicas de las civilizaciones llamadas "paganas", arruinando las representaciones agrícolas cíclicas y estableciendo un tiempo histórico único. Para Papus, el aprendiz será entonces la semilla que florece; el compañero. la planta que florece; el amo, la planta que da fruto y el fruto que cae para generar nuevas plantas a través de la fructificación que libera las semillas que contiene.

El eterno retorno tampoco es exactamente un retorno a "lo mismo". En el laberinto, la dialéctica del "mismo" y el "otro" se desvanece. El viaje laberíntico es una progresión regresiva: la espiral obliga a cada "viajero" a volver sobre sus pasos, por lo que sólo nos acercamos al centro alejándonos de él. Avanzamos con la memoria. Salir del laberinto, regresar a la luz, no significa encontrar un estado anterior que sea el mismo —que está indicado por la repetición–, es un nuevo nacimiento. Podemos hablar de "regresión hacia adelante" en la medida en que la memoria, hilo de Ariadna, anuncia un futuro. Es una memoria escatológica, una memoria de esperanza [75].

Podemos decir que el tiempo cíclico es un tiempo externo (chronos) que mide el tiempo de los relojes dentro de los cuales se experimenta un tiempo lineal irreversible (Kairos) de la vida individual. "Chronos destaca el elemento *cuantitativo* , calculable y repetitivo del proceso temporal" ; "Kairos, por el contrario, designa un elemento *cualitativo* que se distingue por su absoluta singularidad".

EL Mitos solares

Una historia simbólica es una historia combinada de tal manera que la evolución de los personajes indica con precisión la evolución de la naturaleza. Los mitólogos modernos han demostrado que todas las historias relativas a

---

[75] Philippe Borgeaud, Ejercicio de mitología , página 36.

deidades hindúes, egipcias, griegas, romanas e incluso a Cristo no eran más que pinturas más o menos perfectas del movimiento del sol; de ahí el nombre de "mitos solares" dado a todas estas historias.

En la mayoría de los mitos o leyendas solares, hay un héroe asesinado a golpes por un monstruo, un genio, un asesino. Este héroe tiene una esposa, un hijo. Él es el sol, su esposa es la tierra, su hijo es el hombre. A pesar de sus diferencias en la narrativa, todos estos mitos logran el mismo fin: a veces el héroe resucita, a veces es vengado y reemplazado por su hijo. El masón, como hijo de la viuda, es el niño que se hace hombre ocupando el lugar de Hiram.

Con los horarios de apertura y cierre de los trajes, la presencia de las dos luminarias, el cielo estrellado, las palabras del ritual relativas al Venerable colocado en el este para abrir las obras, el candelero de siete brazos, la Masonería está bien posicionada en el corazón de las alegorías solares. La logia está orientada según el curso solar y las fiestas joánicas están vinculadas al culto solar.

Vestidos de tercer grado, quienes se mueven dentro del templo ya no marcan los ángulos como lo hacían en el grado anterior, a imagen del recorrido del sol pero también a imagen de la vida terrena que se precipita en un solo impulso desde el nacimiento. a muerte. El asesinato de Hiram, tomado en estilo figurado o alegórico, es como la pasión de Osiris, como la de Adonis, Atys y Mitra, un hecho de la imaginación de los sacerdotes astrónomos, que tenían por objetivo pintar la ausencia del sol en la tierra.

El mito de Innana/Ishtar

Los antiguos textos sumerios describen varias deidades, tanto masculinas como femeninas, pero una diosa fue adorada por encima de todas las demás durante miles de años. Se trata de Inanna, la Gran Diosa Astral adorada desde los inicios de la cultura sumeria. Se transformó más tarde en Ishtar en la Mesopotamia acadia, en Anat y Atargatis en la antigua Siria, en Astoret y Astarté en Canaán e Israel, en Afrodita en Chipre, en Atenea y Afrodita en Grecia. Casada con Tammouz (ver el siguiente mito más abajo), amante rechazada por Gilgamesh de quien se vengará.

Un antiguo poema de Nipur, un centro cultural y espiritual de Akkadia, relata la historia del descenso de Inanna al mundo inferior. En medio de su reinado como Reina del Cielo y la Tierra, Inanna decide descender al Inframundo, el reino de la muerte gobernado por su hermana oscura, Ereshkigal. Previsora, ordena a su ministra, la diosa Ninshubar, que espere su regreso en tres días. Si después de tres días todavía no había regresado, Ninshubar se lamentaba y tocaba el tambor por ella. Inanna debe atravesar siete portales en su descenso. En cada portal, se ve obligada a abandonar elementos de construcción de su identidad cultural y social (sus 7 poderes mágicos robados al dios Enki (que significa ¿quién soy yo?), fundamentales para la vida). Cuando finalmente llega a la última cámara cavernosa donde se encuentra Ereshkigal, está completamente desnuda y bajada.

Las siete puertas a través de las cuales Inanna pasa y desciende al Mundo Inferior recuerdan los siete niveles del zigurat, como los siete chakras del cuerpo psíquico hindú, y representan los siete niveles de conciencia. Inanna debe descender desde el nivel más elevado de su divinidad al estado de conciencia más primitivo.

Ereshkigal y los siete jueces del Mundo Inferior rodean a la diosa indefensa y juzgan contra ella. Debido a que ella ha pasado por el reino de los muertos, ella también debe morir. La matan y su cadáver se cuelga de un gancho para carne. Después de tres días y tres noches, Ninshubar comienza a gemir, tocando su tambor, quejándose ante los dioses para que Inanna regrese. Enki, el dios del agua y la sabiduría, envía dos espíritus asexuales que liberan a Inanna dándole alimento y agua de vida. Cuando Inanna resucite, podrá regresar a casa, pero con una condición: debe encontrar a alguien que la reemplace en el Inframundo.

Su renacimiento prefigura en los ritos de resurrección de los cultos mistéricos que florecieron en el mundo clásico y en los que los iniciados recibían su nueva vida gracias al cuerpo y la sangre de una divinidad. Este concepto se retoma simbólicamente en los ritos de la comunión cristiana.

El mito de Tamuz

Tammuz o Tammuz, Dumuzi entre los sumerios, es el dios de la vegetación, símbolo de la muerte y renacimiento de la naturaleza.

Cada año, durante el otoño, muere, arrastrado hacia el inframundo por los siete demonios Gallus. Entonces, la sequía y la desolación reinan en la tierra. Pero Ishtar su esposa irá allí a buscarlo.

Ishtar, diosa del amor y de la guerra, que gobierna la vida y la muerte, se casó con el pastor Tammouz que se convirtió así en soberano de la ciudad. Un día, Ishtar (Innana) decide bajar al Infierno, la morada de los muertos, para suplantar a su hermana mayor y abolir allí la muerte. Consigue entrar en el palacio de su hermana, pero debe despojarse de toda su ropa y renunciar a todo su poder. Entonces su hermana la mira con mirada de muerte y su cuerpo se vuelve inerte. Los mensajeros del mundo superior logran alcanzarla, pero los siete jueces del infierno la retienen, diciendo: "¿Quién entonces, habiendo descendido a los infiernos, ha regresado del infierno sin sufrir daño ? Si Ishtar quiere regresar del inframundo, que le proporcione un reemplazo. El sustituto será su marido Tammouz. Ante los lamentos de Tammouz, la soberana del inframundo, lamentando la pérdida de su marido, obtiene de los dioses autorización para su regreso cíclico entre los vivos para devolverle a la vida su poder fértil; sólo la mitad del año en el mundo de los muerto y su hermana lo sustituirá por la otra mitad.

Cuando la agricultura y la crianza fueron hechos establecidos, y como el papel del varón en la generación apareció como un elemento vital, agregamos a la *Genitrix* , que fuera llamada Madre Tierra o reina de los cielos o de otra manera, un marido destinado a desempeñar el papel esencial. papel de procreador, aunque en Mesopotamia era sólo el sirviente o hijo de la Diosa, productora de toda vida. En comunidades agrícolas como las de los valles del Tigris y del Éufrates, cuando el culto al nacimiento estaba vinculado al ciclo estacional y a los ritos de la vegetación, se consideraba que la Diosa Tierra poseía la fertilidad de toda la naturaleza y, por lo tanto, se hacía responsable de los ciclos periódicos. renovación del suelo, renovación que se producía después del frío del invierno o de la sequía del verano. Como resultado, tomó la forma de una diosa con múltiples aspectos, con un carácter maternal del cual Ishtar es sólo uno de los nombres.

La necesidad alegórica exigía la unión de la diosa que encarnaba la fertilidad en general con el dios que personificaba el poder creativo de la primavera. Según el ciclo normal de las estaciones, murió y pasó a la morada de la noche y la muerte, de la que los mortales comunes no pueden regresar. En Mesopotamia, la madre tierra era la fuente inagotable de nueva vida. Fue ella quien permitió que la vegetación se renovara, quien velaba por las cosechas y quien presidía la propagación tanto de la raza humana como de la de las especies animales. Bajo su aspecto de Inanna-Ishtar, a través de su matrimonio con Doummouzi-Tammouz, dios que encarnaba la renovación primaveral, simbolizó e incluso produjo efectivamente la renovación de la vegetación, que liberó a la tierra de la dañina esterilidad. Pero esta unión sólo se hizo efectiva después de la lucha perpetuamente renovada entre las dos fuerzas naturales opuestas : la de la fertilidad y la de la esterilidad. Una vez terminada victoriosamente esta lucha por el triunfo del bien, Tammouz salvado del reino de la muerte y restaurado a la luz en todo el florecimiento de su virilidad, la vida se extendió nuevamente sobre la tierra. Del regreso del "niño resucitado" de la Diosa dependía el nuevo impulso que hacía brotar el flujo vital de la tierra reseca.

Este mito permitió explicar al hombre la sucesión de las estaciones y las diferentes modificaciones de la naturaleza a lo largo del año; en otoño y en invierno, Tammouz está ausente entre los vivos, a su regreso en primavera y en verano, la vida reaparece en tierra. Después de su muerte y resurrección, será colocado entre los dioses. Su culto se extendió por Siria, Fenicia y hasta Judea, y luego llevó también los nombres de Adonis, Eshmoûn, Simón, Doumouzi.

El mito de Adonis

Adonis es el tipo de héroe de todas las iniciaciones. Las mujeres griegas tenían como deber piadoso llorar en las ceremonias que conmemoraban la muerte de Adonis, asesinado por un jabalí furioso. Esta leyenda ilustra el rito solar donde el sol fertiliza la naturaleza por primera vez durante la primavera y el verano. Después de este período, esta estrella pierde sus facultades productivas. Por eso, en otoño, Adonis, yendo a cazar, es abatido por un jabalí (símbolo del invierno), que lo mutila y lo priva de sus facultades generativas. Antes de ser devuelto a Venus, que deplora su pérdida, este dios, cuya mutilación y muerte son sólo una ficción, debe pasar los otros seis meses del año con la Venus (o la naturaleza) del hemisferio inferior, esta mujer de las constelaciones, colocado sobre las esferas, delante de la serpiente, *præ serpens* , de donde proviene el nombre de Proserpina. Así que aquí está el sol de primavera o verano, que muere en otoño y regresa en la primavera siguiente.

El mito de Perséfone/Proserpina

Perséfone ocupa un lugar importante en los cultos de muchas ciudades, particularmente en los de Eleusis, Tebas y Megara, así como en Sicilia y Arcadia.

Divinidad infernal, también es originalmente una diosa del trigo, como su madre Deméter. Entre los griegos, la fertilidad del suelo estaba estrechamente relacionada con la muerte, y las semillas de los granos se mantenían en la oscuridad durante los meses de verano para que germinaran, antes de sembrarlos en el otoño. Este regreso a la vida después del entierro está simbolizado por el mito de Perséfone, secuestrada y luego devuelta, que dio origen a los ritos de los misterios eleusinos. Para los fieles, el regreso a la tierra de la diosa es una promesa formal de su propia resurrección. Este mito de la agricultura se puede comparar con el mito de Mitra.

La ruptura de una relación natural y cercana entre Perséfone y su madre, la diosa de la cosecha Deméter, es una oportunidad para reflexionar sobre una cuestión central para cualquier proceso de emergencia: la confrontación con el extrañamiento. El secuestro de la joven por su tío, el rey de los muertos, la negativa de la Korê (la joven) a unirse a él, el compromiso encontrado entre la voluntad de Hades y la incesante resistencia de la madre y de la niña. de cara al corte, conducen a un cuestionamiento sobre el trabajo de lo negativo, más precisamente sobre la tensión entre separación necesaria y separación imposible y sobre el significado de esta tensión para el proceso creativo.

El mito de Deméter-Ceres

Esta diosa es en realidad una sola divinidad honrada por todo el universo, pero en diferentes formas, bajo diferentes nombres, a través de diferentes ceremonias. Los frigios, la primogénita de los hombres, la llaman la madre pesinontia de los dioses; los atenienses, Minerva cecropia; los chipriotas, Venus pafiana; los cretenses, Diana Dictyne; los sicilianos, Proserpina escigia; los eleusinos, la antigua diosa Ceres; Los tebanos la apodan Cabiria; otros, Juno; otros, Bellona; algunos, Hécate; y otros, Rhamnusia. Pero los egipcios, instruidos en la antigua doctrina, la honran con ceremonias propias y la llaman por su verdadero nombre, reina Isis. Deméter, cuyo nombre, probablemente una concatenación de las palabras griegas que significan "tierra y madre", era la diosa de la agricultura y la cosecha. Representaba la tierra cultivada y fértil a diferencia de otras diosas como Gaia o Rea que personificaban la tierra como materia. Es ella quien facilita la germinación y el crecimiento de las plantas.

Hija de Cronos y Rea, es una de los doce olímpicos, aunque prefirió residir en Eleusis, en contacto con la tierra, que en el Olimpo.

Fue asimilada por los romanos con el nombre de Ceres que era una divinidad latina muy antigua asociada a la cosecha. Antiguamente en el Ática a los muertos se les llamaba gente de los cereales.

Cuando Hades, gobernante de los muertos, secuestró a su hija Perséfone para convertirla en su esposa, Deméter fue en busca de ella y descuidó las cosechas de la tierra. Tomando la forma de una anciana llamada *Doso* , vagó durante nueve (9) días. Al darse cuenta de que una hambruna amenazaba a los mortales, Zeus decidió enviar a Hermes al reino de Hades para pedirle que devolviera a Perséfone a su madre. Pero Perséfone había comido seis semillas de la granada ofrecida por Hades, como último ardid para quedársela con él; la tradición dictaba que cualquiera que comiera en el reino de los muertos no podía abandonarla. Zeus acordó que Perséfone pasaría los seis meses cultivando la tierra con su madre y los seis meses del resto del año con su marido. De este mito de Perséfone nació el ciclo de las estaciones en la mitología griega.

Su adoración se basa en el ritmo de las estaciones; es la fuente de los Misterios de Eleusis. El secreto de sus Misterios estaba muy bien guardado y su revelación se castigaba con la pena de muerte; Esquilo casi fue condenado.

Deméter también era particularmente venerada por las mujeres, por ejemplo durante la Tesmoforia en Atenas, ceremonia que recibía su nombre del epíteto de la diosa *Tesmoforos* (la Legisladora) y que estaba reservada a las mujeres; adoraban la fertilidad tanto para ellas como para la ciudad. ; Aristófanes los convierte en el tema de su comedia, *La Tesmoforia* .

Los templos de Deméter, llamados *megara* , se encontraban a menudo en los bosques.

Bernard Dov Hercenberg observa , en su artículo *El mito de Deméter y la tensión entre el intento de separación y la separación imposible* , que el movimiento de retorno que está presente en el mito de Deméter recuerda ciertos parámetros de la Aufhebung hegeliana y de *la Überwindung nietzscheana* . No sólo porque este eterno retorno implica un enfrentamiento con lo negativo sino porque estas idas y venidas se hacen a través de movimientos de altibajos. Porque Perséfone es la que repetidamente se hunde en el corazón de la tierra para ir al reino de Hades y repetidamente regresa al cielo abierto para encontrar a su madre. El movimiento de Perséfone para enfrentar la negatividad se logra mediante incesantes ascensos y caídas que, en resumen, rodean la negatividad por un lado, la vida y la luz por el otro. Estos descensos y estos ascensos permiten reconocer las diferencias y tomar en cuenta el conjunto. Articulan un conocimiento cuyas características son, en cierto modo, una "superación" de lo negativo y de la diferencia. En este sentido, recuerdan los altibajos de los que habla la filosofía desde Platón respecto a la relación entre lo sensible y lo suprasensible. El mito sintoísta de la diosa Amaterasu es similar al de Deméter. Se dice que esta divinidad femenina introdujo el cultivo del arroz, el cultivo del trigo y los gusanos de seda. En la leyenda más famosa sobre ella, se encierra en una cueva, provocando desastres en la tierra y en los cielos.

El **mito de Mitra**

Mitra es una deidad indoeuropea. Varios documentos hititas confirman su existencia desde el II ^{milenio} antes de Cristo.

El nombre Mitra se deriva del persa *mithri* o *mether* , que significa Señor, título dado al dios Mitra por una serie de inscripciones, en particular Juliano el apóstata, que lo llamaba a veces rey de todas las cosas, a veces señor, aquí testigo, allí padre. y a veces protectora. Los galos tenían la misma idea que los persas y los romanos: llamaban al sol Señor del Imperio Romano.

A falta de textos sobre el mitraísmo, escritos por los propios seguidores, las principales fuentes de información utilizables son las imágenes sagradas encontradas en la *mitrea*.

Mitra nació de una roca fértil, la *Petra generatrix* , al pie de un árbol sagrado, cerca de un manantial de culto, con un gorro frigio en la cabeza, un cuchillo de caza en una mano y una antorcha en la otra. Los pastores, que acudían a adorar al dios niño, lo cuidaban y le ofrecían ganado y frutos de la tierra. Estando desnudo, corta las hojas de una higuera y con ellas se hace un taparrabos, recoge los frutos y se los come. Luego se propone enfrentarse a los poderes que pueblan el universo.

Se encuentra con el toro primordial que pastaba en las montañas, decide montarlo pero, en el galope salvaje de la bestia, Mitra cae y se aferra a los cuernos del animal. La bestia exhausta, Mitra la ata y la carga sobre sus hombros. Este viaje con el toro se llama *Transitus*.

Cuando Mitra llega a la cueva, un cuervo enviado por el Sol le dice que debe hacer un sacrificio. Flanqueado por dos dadoforos (que portan antorchas), Cautès con la antorcha levantada y Cautopatès con la antorcha bajada, que representan respectivamente la salida y la puesta del sol (o los signos del zodíaco que marcan la entrada, el primero en la estación cálida, el segundo en la estación fría) con una rodilla sobre el toro, Mitra le clava un cuchillo en la garganta volviendo sus ojos hacia el cuervo, mensajero del Sol. Golpeado en el corazón, el toro se desploma. Del lomo del toro sale el trigo, y de su sangre mana el vino.

Para profundizar en los orígenes del mito, completo con el texto de René P. Bacqué de Balagué, *Mitra, ¿un dios masón, verdad?*[76]

Furioso, el espíritu maligno Angra Mayniu se desata contra los beneficios del toro al que decide aniquilar, enviando animales impuros para destruir la fuente de vida. Luego llega el perro que come el grano, el escorpión que aprieta los testículos de la bestia con sus pinzas, la serpiente que bebe la sangre de la herida. Pero la Luna, fiel compañera del Sol, con su ayuda, recoge y purifica el semen del toro para completar la obra de Mitra, dando origen a toda clase de animales útiles. Furiosa, Angra Mayniu desata multitud de calamidades contra los hombres, incluido un diluvio destinado a borrar a la humanidad de la creación. Afortunadamente Mitra observó y advirtió a un hombre que construyó un arca fuerte para salvar las creaciones terrenales.

A falta de imaginación, el espíritu maligno Angra Mayniu detiene temporalmente todos los ataques contra los hombres.

---

[76]René P. Bacqué de Balagué: <tinyurl.com/Mithra-dieu-franc-macon>.

Después de haber cumplido la misión que el dios Ahura Mazda le había confiado, Mitra participa, con su viejo amigo el Sol, en un último banquete solemne, donde come el pan y bebe el vino. Luego asciende al cielo donde seguirá viviendo velando por los hombres y protegiéndolos del mal.

En cuanto al toro sacrificado, fue elevado al cielo donde se convirtió en una constelación.

El mito de Mitra recuerda a elementos de otras tradiciones. Como es anterior a ellos, podemos plantearnos la cuestión de la influencia de este mito en los del diluvio, el solsticio, la eucaristía, la Ascensión, de Jesús en definitiva, y por qué no de la Masonería.

El mito de Odín

Odín es el dios principal de la mitología nórdica. Su papel, como ocurre con la mayoría de los dioses nórdicos, es complejo, dadas sus múltiples funciones: dios del conocimiento, de la victoria y de la muerte. En menor medida, también se le considera patrón de la magia, la poesía, las profecías, la guerra y la caza.

Odín es representado como un hombre anciano, barbudo y tuerto. Es una deidad polimórfica. Monta sobre un caballo de ocho patas llamado Sleipnir, armado con su lanza Gungnir. Cuando está en su palacio, Valhöll, los dos cuervos Hugin (pensamiento) y Munin (memoria) le cuentan al oído lo que han visto de los nueve mundos. Además, dos lobos, Geri y Freki, permanecen a sus pies. Su trono, Hlidskjalf, le permite ver todo lo que existe en los nueve mundos. Mimir es un gigante, la encarnación de la memoria en la mitología germánica. "Odin quería conocer las runas y revelarlas. Las runas, estos signos misteriosos, escrituras secretas y mágicas, símbolos de conocimientos prohibidos a los que los dioses no tenían acceso. Nueve días y nueve noches meditó bajo la sombra protectora de Ygdrasil. Luego pidió a los demás dioses que cumplieran su deseo. Era un verdadero sacrilegio reclamar este poder prohibido a los dioses, por lo que se negaron. Entonces Odín solicitó el arbitraje de las Nomos (diosas vírgenes celto-druídicas : **Urd:** la hermana mayor, enrolla los hilos alrededor del huso, dando así vida "creando" literalmente nuevos destinos. **Verdandi** : hila la lana y elige la dirección que cada uno el hilo del destino tomará (**Skuld** : la más joven está asociada a la muerte que decide cortando los hilos), las tejedoras que tejen el destino, simbolizadas por el triskele. Los guardianes de las puertas oscuras, tras reflexionar, se mostraron favorables a él, pero le impusieron condiciones terribles. Odín aceptó el sacrificio, con pleno conocimiento de los hechos. Se inclinó sobre la fuente de Mimir. Como no vio nada, sacrificó su ojo derecho, que cayó en el manantial sagrado. Entonces él vive. Experimenta los tiempos infinitos, la profundidad de la memoria, el pasado y el futuro de los hombres. Luego le atravesó el costado con su lanza y los dioses lo colgaron, cabeza abajo, por un pie, sobre el tejo sagrado donde nació. Todos los brotes del árbol empezaron a sangrar. Durante nueve terribles noches de sufrimiento, el dios tuerto estuvo colgado en Ygdrasil. Nueve noches, como se necesitan nueve meses para hacer un hombre... Cuando la oscuridad dio paso al sol, el dios fue iluminado por la luz de las runas finalmente reveladas. Al descubrir las runas, Odín se convirtió en "el príncipe del poder grabado". Odín enseñó que las runas deben usarse en todas las circunstancias de la vida, porque son una guía, una ayuda, son la esperanza de los desesperados, las fieles compañeras del corazón destrozado por la soledad. Era un dios Aesir de la sabiduría y una de las dos deidades enviadas a los Vanir a cambio de paz. Pero estos últimos, al darse cuenta de que habían sido engañados, decapitaron al dios y enviaron su cabeza a los Aesir. Sin embargo, Odín lo cubrió con una mezcla de hierbas para que no se pudriera y lo encantó con hechizos. Una vez devuelta a la vida, la cabeza era capaz de hablar y revelar secretos ocultos, muchas verdades que nadie más conoce. Odín lo colocó bajo las raíces de Yggdrasil cerca del pozo con el mismo nombre que la cabeza momificada. Se convierte así en el guardián de *Mimisbrunn* , la "fuente de Mimir", fuente que contiene sabiduría e inteligencia.

Ceniza mitológica de la primitiva religión escandinava que data del año 2500 aC Yggdrasil, el árbol del mundo, surge de la muerte de Ymir, el gigante primordial nacido del caos. Asesinado por sus hijos, se transformó. La sangre del gigante se transformó en mar, su cráneo se transformó en un arco iris (el Bifrost), sus pulmones en nubes, sus huesos en montañas y su cabello en un árbol-pilar del mundo y de todas las naturalezas. Los trastornos de Ymir crearon un Nuevo Mundo y su renacimiento en la muerte. Vive en el mundo del que él es la única fuente.

Sobre él descansan nueve reinos. Tendría tres raíces, una de las cuales brota de la fuente de Urd, donde los Aesir celebraban consejo y donde las Nornas, viejas brujas muy sabias y temidas por los dioses, fijaban la duración de la vida de los hombres, vertiendo sobre el árbol el agua de este fuente para asegurar savia y verdor perpetuos. La segunda raíz se extiende hacia la tierra de los gigantes ; bebe de la fuente de Mimir que se cree que contiene la fuente de toda sabiduría; la fuente está custodiada por un gigante y alberga la cabeza del dios Mimir que guarda los secretos del universo. En cuanto a la tercera raíz, proviene de Nieflein, el infierno escandinavo, donde es constantemente roída por un dragón, Nídhögg, pero donde se regenera constantemente.

En otras palabras, podríamos decir que el árbol del mundo extrae su energía de las experiencias vividas (memoria ancestral), del conocimiento secreto (los secretos del universo y de los dioses) y del destino de los seres (la evolución de la conciencia).

En la rama más alta de Yggdrasil hay un águila, mientras que otros animales están posados en las otras ramas: una cabra, un ciervo, de sus cuernos gotea el agua que cae en Hvergelmir, una ardilla, Ratatosk, corre constantemente en el árbol, sin parar. para sembrar discordia entre el dragón y el águila.

Véase el artículo de Mircea Eliade: *El mito de Yggdrasil, el árbol cósmico de los escandinavos.*[77]

EL Mito del Cabiri

Los Cabiris fueron dioses cuyo culto se estableció por primera vez en la isla de Samotracia, donde se practicaban los Misterios de Cabiric. Los dioses llamados Cabiri eran originalmente dos, y más tarde cuatro; Bryant supone que se refieren a Noé y sus tres hijos; los Misterios Cabíricos son una modificación del culto de la diosa de la luna (Astarteus o Ishtar) ante la cual se inclina. de madera de acacia.

En estos misterios existía una ceremonia llamada la "Muerte de Cabre", en la que se representaba, entre gemidos y lágrimas y posterior regocijo de los iniciados, la muerte y restauración a la vida de Cadmillus, el menor de los Cabiri. Cuenta la leyenda que fue asesinado por sus tres hermanos quienes luego huyeron con sus partes viriles en una canasta mística. Su cuerpo, coronado de flores, fue enterrado al pie del monte Olimpo. Clemente de Alejandría habla de la leyenda como el misterio sagrado de un hermano asesinado por sus hermanos o en el original como *frater trucidatus a fratribus* . Algunos autores suponen que los tres Cabiri, o Corybantes, simbolizan el sol, la luna y la tierra, que se cree mueren en el eclipse, y citan las palabras de Hesíodo — "Manchado de sangre y cayendo en manos de dos cuerpos celestes " . .

---

[77]Mircea Eliade: El mito de Yggdrasil, el árbol cósmico de los escandinavos <tinyurl.com/mythe-d-Yggdrasil>.

El Casmillus asesinado tenía el mismo significado que el dios del sol de Osiris en los libros fenicios, babilónicos y egipcios. La sangre, a la que se hace referencia en la versión frigia de los ritos cabíricos, recordaría con algunas curiosas referencias las cosmogonías que pueden caracterizar la circuncisión, el bautismo de sangre mítica y el Taurobolium o bautismo de toros [78].

Cáliz D'Aviella relata en su libro *Origen del rango de maestro en la masonería* (1905): En los misterios de los Cabires, en Samotracia, se escenificó la trágica historia de los tres hermanos, Axieros, Axio-kërsos y Axiokersa. Según la versión de la leyenda relatada por Pirmicus Maternus, dos de los Cabiri mataron al tercero y lo enterraron al pie del Monte Olimpo; luego Hermes lo devolvió a la vida. La decoración de ciertos espejos etruscos representa escenas sucesivas de este drama. En uno vemos a Axieros apresado por sus hermanos, frente a dos columnas. Capital corintia. En otro, Hermes, acompañado de dos sátiros que le sirven de acólitos, se acerca al cuerpo e intenta resucitarlo con su varita mágica.

Los dioses cabíricos eran considerados los instructores de la humanidad en todos los conocimientos útiles; los ritos mágicos, la construcción, la fundición y el trabajo de metales, la construcción naval, la música, etc., eran llamados tecnitas o artífices. Sanconiatón dice que Urano fue el padre de los escultores, al igual que Hiram el padre o Abiv de los albañiles, metalúrgicos, escultores y tintoreros, y de hecho un Cabir.

Generalmente se supone que estos misterios fueron instituidos en honor de Atis, el hijo de Cibeles o Deméter, de quien Cadilo era sólo otro nombre. Según Macrobio, Atys era uno de los nombres del sol, y sabemos que los misterios se celebraban en el equinoccio de primavera.

---

[78]John Yarker, *Las escuelas arcanas* , 1909: <hermetics.org/yarker2.html>.

Duraban tres días, durante los cuales representaban en la persona de Atys, o Cadmillus (el menor de los Cabiri), la enigmática muerte del sol en invierno y su regeneración en primavera. Con toda probabilidad, en la iniciación, el candidato atravesaba un drama cuyo tema era la muerte violenta. La "muerte cabric" era, en realidad, una leyenda, como se puede comprender, muy similar en espíritu a la del tercer grado de la Masonería Hirámica.

Entonces, ¿la epopía de Hiram presentada a los masones es un cuento, una leyenda o un mito?
¿Qué opinas?

Luces hacia la Cámara central

Sobre el Autor

Editor Jacques-André
TU, Cartas de Pasión, 2001 (Premio Laure de Noves)

EDICIONES de La Hutte
Para iluminar el camino, Una aproximación filosófica a la masonería , 2011
Vocabulario del Aprendiz Masón , 2ª edición , 2012
Vocabulario del compañero masón , 2012
Vocabulario maestro masón , 2013
Dibujar elementos con regla y compás, La Concordancia Masónica , 2015
¿Qué significa cortar tu piedra ?, 2015

EDICIONES ledifice.net
Recogiendo lo que está disperso , 2020
Vocabulario del Aprendiz Masón , 3ª edición , 2020
Vocabulario del Compañero Masón , 2.ª edición , 2021

EDICIONES Ubik
una vez, Hiram , 2021
Gestos masónicos , 2021

EDICIONES numérilivre _
Huellas masónicas, el espíritu de la geometría , 2022

EDICIONES dervy
Diccionario Vagabundo de Pensamiento Masónico , 2017 (**premio literario del Instituto Masónico de Francia** , categoría Ensayos y Simbolismo)
Masón. Cómo pasar de lo profano a lo sagrado , 2023

www.ingramcontent.com/pod-product-compliance
Lightning Source LLC
Chambersburg PA
CBHW011127260726
48656CB00026B/2541